POCHES ODILE JACOB

VIES PRIVÉES

DU MÊME AUTEUR
aux éditions Odile Jacob

Les Indomptables. Figures de l'anorexie (en collaboration avec Ginette Raimbault), 1989, coll. « Opus », 1996.

À corps et à cris. Être psychanalyste avec les tout-petits, 1993, « Poches Odile Jacob », 2000.

CAROLINE ELIACHEFF

VIES PRIVÉES

DE L'ENFANT ROI
À L'ENFANT VICTIME

POCHES
ODILE JACOB

15, RUE SOUFFLOT, 75005 PARIS

www.odilejacob.fr

ISBN : 2-7381-0965-9
ISSN : 1621-0654

À M. K.

Mal nommer les choses, c'est ajouter au malheur du monde.

Albert CAMUS

Remerciements

Les premières personnes que je tiens à remercier sont les enfants et les parents qui m'ont accordé leur confiance. Ils ne se sont pas opposés à ce que je parle d'eux – en préservant leur anonymat –, ce dont je leur sais gré.

Je parle beaucoup du personnel de l'Aide sociale à l'enfance et de la pouponnière Paul-Manchon d'Antony. Sans eux, ma vie professionnelle ne serait pas ce qu'elle est. Grâce à leur rigueur et à leur exigence, ils me permettent, dans les situations les plus délicates, de tenir une position analytique.

Je remercie tous les participants à ma consultation. Au fil des années, leur assiduité, leur intérêt, leur soutien amical et critique me stimulent et m'aident dans mes moments de doute. L'organisation de cette consultation ne serait pas ce qu'elle est : efficace et chaleureuse sans la présence de Marianne Hano.

Je remercie mes premiers lecteurs : Ginette Raimbault dont l'amitié, le soutien et les critiques constructives ne m'ont jamais fait défaut. F. G., F. L., C. G., M.-L. C. et, surtout, M. K. qui a suivi ligne à ligne mon travail ; que Micheline Amar sache que lorsqu'il m'arrive d'imaginer le lecteur « idéal », c'est à elle que je pense.

Je remercie enfin mon fils Elisha qui ne m'a jamais empêchée de travailler même pendant les heures qui auraient dû lui être consacrées.

Avant-propos

La violence parentale existe. Les chiffres le disent. Les professionnels le savent. Les faits divers, les émissions de télévision, les campagnes nationales de prévention en ont révélé l'ampleur au grand public.

On sait moins que les institutions dont la fonction est précisément de protéger les enfants, y compris envers leurs parents, peuvent, elles aussi, faire preuve de violence, notamment en disqualifiant la fonction parentale ou en laissant les enfants dans l'attente interminable d'une décision qui les concerne au premier chef.

Voilà maintenant dix ans que je reçois, en consultation psychanalytique, des enfants de moins de trois ans, maltraités physiquement ou psychiquement. Ils me sont adressés par la pouponnière Paul-Manchon d'Antony où ils sont placés le plus souvent par décision de justice [1]. Chaque vie privée est unique, mais la similitude des situations rencontrées et des réactions provoquées amène inévitablement à s'interroger sur l'état d'une société qui en permet l'éclosion et sur les types de réponses que cette même société propose ou impose.

Quand et comment sommes-nous, dans l'histoire des mentalités, passés de l'enfant roi à l'enfant victime ? Il m'est apparu que la manière la plus vivante et la plus intéressante de traiter cette question était de raconter une journée ordinaire de consultation.

Tout au long de l'année, des analystes en formation ou confirmés, des psychologues, des travailleurs sociaux et des pédiatres y assistent. Ils viennent – je le suppose – pour « apprendre ». Ils m'obligent, par leur présence, par leurs questions, à expliquer ce que je fais et à inscrire la problématique de chaque enfant dans un cadre plus vaste.

C'est la pratique de ce métier, les réflexions qu'il suscite concernant la place de l'enfant dans notre société, l'atmosphère d'une séance, le travail avec mes collaborateurs que je souhaiterais ici faire partager à ceux qui n'assisteront jamais à ma consultation.

Qui sont les bons parents ?

> Qui refuse obéissance affronte le combat.
>
> Elias CANETTI

Ce premier rendez-vous est assez exceptionnel. Les parents d'une enfant de quatorze mois, que j'ai reçue la semaine précédente pour la première fois, ont demandé à me voir.

Lorsqu'un enfant vit dans sa famille, les parents l'accompagnent toujours. Ce sont eux qui demandent le rendez-vous chez le psychanalyste, même s'ils ont été conseillés par leur pédiatre ou la maîtresse d'école. En prenant cette initiative, ils admettent simultanément leur incapacité à comprendre leur enfant – ce qui est assez douloureux – et leur souhait – réparateur – de lui venir en aide. En revanche, lorsque les enfants sont placés à la pouponnière, la demande de consultation n'émane pas des parents mais de l'institution. L'avis des parents est sollicité et ils sont encouragés à venir me voir après que j'ai reçu l'enfant. Il est très rare qu'ils refusent une consultation présentée pour « aider » leur enfant, mais il est tout aussi rare qu'ils acceptent ensuite de me rencontrer. Pourquoi ?

Ces parents ont déjà tout un passé de relation avec les assistantes sociales, les institutions, l'administration, le juge des enfants. Ils vivent souvent dans une situation extrêmement précaire. Leurs difficultés matérielles sont immenses : problèmes de logement ou de travail, inhibition à prendre un rendez-vous par téléphone, éloignement géographique, risque de prendre les transports en commun quand les papiers ne sont pas en règle, etc. Les parents des enfants placés à l'Aide sociale à l'enfance se sentent « incapables » et vivent la consultation de l'enfant, faite avec leur accord de principe mais sans leur participation, comme une preuve supplémentaire de leur incapacité. La plupart ne viennent jamais, même après de multiples sollicitations de ma part. Ayant donné leur accord pour la visite de l'enfant, ils n'imaginent simplement pas, ou plus, que leur parole en tant que père ou mère puisse avoir la moindre valeur.

Un psychanalyste qui les reçoit en leur disant simplement « je vous écoute » suscite un mélange de stupeur, d'incompréhension et de colère assez justifié. L'accueil de ces personnes est loin d'avoir été suffisamment pensé pour leur permettre de dire ce qu'elles ont à dire dans le respect de leur dignité blessée. Les parents pris dans l'engrenage de l'assistancc semblent à notre disposition, alors que c'est nous qui devrions être à la leur, même si je ne sais pas très bien comment cela pourrait se faire dans la pratique.

Les rendez-vous avec les parents me donnent toujours le trac car je sais, par expérience, que je ne les verrai qu'une seule fois. La consultation est toujours longue : jamais moins d'une heure. Avant qu'ils puissent commencer à me parler, j'ai appris que je devais leur parler longuement de l'enfant, de ce que je pouvais faire avec lui sinon pour lui, du secret professionnel notamment vis-à-vis des instances administratives, policières et juridiques et du fait que je ne pouvais en aucune façon intervenir dans la réalité.

C'est dans ces dispositions que j'attends M. et Mme D.

La lecture du dossier rédigé la semaine précédente me rappelle qu'Olivia est arrivée à la pouponnière à six mois et demi sur décision du juge des enfants, à la suite d'une hospitalisation au cours de laquelle le médecin a décelé des fractures du crâne, des fractures de côtes et une fracture de la clavicule.

Olivia a d'abord été nourrie au sein. Vers le troisième mois, la mère a introduit progressivement quelques biberons. Les ennuis ont commencé dès que le père a commencé à participer aux soins.

Olivia ne supportait pas les biberons donnés par son père, lequel ne supportait pas de ne pas être supporté. La mère a parlé au centre de protection maternelle et infantile de l'angoisse et de l'énervement de son mari. Une puéricultrice a été envoyée à domicile. Effectivement, le biberon donné par le père – la mère étant sortie pour travailler – était mieux accepté en présence de la puéricultrice. Celle-ci a parlé d'atmosphère « électrique », mais n'a pas proposé une aide plus concrète que de simples visites.

Pendant l'hospitalisation d'Olivia, les parents sont venus assidûment. La mère est ensuite venue seule quand le père a été inculpé pour mauvais traitements et incarcéré. Les infirmières ont parlé de « visites sans contenu », l'enfant souriant et tendant les bras à tout le monde, tandis que la mère lisait à côté sans répondre aux appels de sa fille.

Sur décision du juge des enfants, Olivia est arrivée à la pouponnière. Sa mère l'a accompagnée sans comprendre pourquoi elle ne pouvait la reprendre, puisque la personne désignée comme dangereuse, son mari, était en prison.

À la pouponnière, Olivia attire l'attention car, me dit-on, on ne l'a jamais vue souffrir, ni physiquement ni psychiquement. Comment se fait-il que les coups ne se soient pas traduits par des douleurs ? Comment se fait-il que cette enfant, séparée de ses parents, soit toujours égale à elle-même, ni triste ni gaie, solitaire ? Elle entre difficilement en contact avec les maternantes et, lors des visites de ses parents – son père est sorti de prison au bout de quelques semaines en attendant d'être jugé –, elle ne manifeste aucune réaction.

Pendant l'entretien, tout le monde a été surpris, car Olivia a commencé à pleurer dès le début alors qu'à la pouponnière, elle ne pleure jamais. Mais, en réalité, même si le comportement d'Olivia est inquiétant, ce sont les difficultés à « travailler » avec les parents qui sont les plus préoccupantes.

Les relations avec les parents ont immédiatement pris une forme conflictuelle. La mère, en particulier, dénie à la pouponnière tout droit sur l'enfant. Elle répète inlassablement qu'elle ne comprend pas en quoi cette séparation protège son enfant, laquelle n'a pas à être protégée d'elle. Son comportement avec sa fille pendant les visites est jugé de façon très péjorative. Une psychothérapie lui a été proposée, le père ayant rencontré un thérapeute en prison et s'estimant quitte. La mère n'en voit pas la nécessité, mais s'y rend néanmoins, tentant de marchander le nombre des séances contre une éventuelle promesse de récupérer sa fille.

Les parents qui ont recours à l'Aide sociale à l'enfance ou qui sont rattrapés par l'ASE ne sont pas dans une situation égalitaire avec ceux qui les aident : il existe une dissymétrie fondamentale, même si l'aide reçue est un droit [1]. Quels que soient les discours sur les droits de l'homme et la solidarité, nous devons reconnaître qu'encore aujourd'hui cette forme de dépendance est considérée comme une incapacité, voire une déchéance. Ceci est encore plus flagrant pour les parents maltraitants qui sont jugés à la fois incapables et coupables.

Les travailleurs sociaux qui traitent avec des hommes et des femmes auprès de qui ils doivent constamment « agir » ont les plus grandes difficultés à ne pas assimiler totalement les personnes à leurs actes. Un parent maltraitant est incontestablement quelqu'un qui a commis un acte nuisible vis-à-vis de son enfant. La justice est là pour dire le droit et sanctionner l'acte. Mais la personne qui a commis cet acte répréhensible ne s'y réduit pas : elle n'est pas quelqu'un de « mal » qui n'aurait plus droit au respect.

Lorsqu'il s'agit de la protection des enfants, le problème se complique encore, car ce ne sont pas seulement les faits qui ont entraîné la séparation qui sont soumis au jugement, mais aussi l'attitude ultérieure des parents envers l'enfant et les services sociaux. Derrière la défense de l'enfant, se profile le jugement sur les parents.

Il est probablement impossible de travailler à l'Aide sociale à l'enfance sans s'identifier à l'enfant. Si cette identification reste un mouvement spontané, non réfléchi, elle va toujours dans le même sens : le travailleur social projette sur les parents ce que lui-même croit qu'il aurait pensé s'il avait été à la place de l'enfant. Or l'enfant n'est pas le fils ou la fille du travailleur social et n'a pas pour fonction de l'aider à résoudre ses problèmes avec ses propres parents ou enfants. Le travailleur social n'a pas à se substituer à l'enfant, mais à l'aider à se construire avec ses parents tels qu'ils sont. On ne peut pas prétendre respecter un enfant si l'on ne respecte pas les parents dont il est issu.

Les seuls parents traités en égaux seraient sans doute les parents conventionnels, ceux qui précisément ne demandent rien aux services sociaux. Les autres sont, sur le papier, des sujets de droit et, dans la pratique, des objets de devoir.

Les parents avec qui les travailleurs sociaux considèrent qu'il est « facile » de travailler sont ceux qui se soumettent. Ils passent alors de la catégorie des « parents coupables » à celle des « parents irresponsables ». Ces parents-là, on a envie de les aider : ils se soumettent en venant aux convocations, en acceptant sans discussion les solutions proposées comme étant de l'intérêt de l'enfant, en admettant que la société s'immisce dans leur vie privée et leur impose ses critères s'ils veulent récupérer la garde de l'enfant. Toutefois, leur manque d'autonomie ou leurs difficultés à construire des projets réalistes fourniront par la suite autant de prétextes pour se substituer à eux lorsqu'une décision devra être prise concernant l'enfant. Cette décision va rarement dans le sens qu'ils souhaitent et les enfonce dans l'irresponsabilité. Il n'est pas bon non plus que les parents se soumettent trop, car ils sont alors considérés comme « infantiles » : l'ASE accepte très facilement d'assumer la tutelle de l'enfant, mais pas celle des parents, même si elle leur impose une tutelle de fait.

Les parents avec qui il est « difficile » de travailler sont ceux qui ne se soumettent pas. Les parents d'Olivia appartiennent incontestablement à cette seconde catégorie. C'est, comme on va le voir, une véritable lutte de pouvoir qui s'engage.

Ce matin-là, je vois arriver un jeune couple tout à fait charmant. La mère est ravissante, bien habillée, bien maquillée, un peu tendue mais très gracieuse. Le père est nettement plus emprunté et retenu. J'ai à peine terminé de me présenter qu'il intervient pour me dire que c'est bien lui qui a donné les coups. La femme prend aussitôt la parole et ne la quitte plus. Elle me parle avec véhémence, parfois avec passion. Je l'écoute avec beaucoup d'attention, ce qui ne m'empêche pas, par instants, de penser à autre chose. L'idée me vient que je m'étais mentalement préparée à recevoir un couple tout à fait différent, disons plus démuni. Tout en écoutant Mme D., j'observe M. D. qui boit les paroles de sa femme et acquiesce souvent d'un hochement de tête discret. J'essaie de prendre des notes, mais elle parle tellement vite que je n'y arrive pas. Je me laisse calmement envahir par son discours jusqu'à ce que je me rende compte que ce discours, je l'ai déjà entendu. Quand ? Lorsque Olivia est venue la semaine précédente. La mère est en train de me raconter presque mot pour mot ce que m'ont dit l'éducateur, l'assistante sociale et la responsable d'unité. Mais c'est un discours en miroir : toutes les critiques faites à la mère, c'est maintenant la mère qui les fait à l'ASE en me relatant les mêmes événements.

D'abord, elle n'est pas sûre qu'Olivia ait vraiment les côtes cassées : elle ne s'est jamais plainte et personne ne s'est aperçu de rien, pas même la puéricultrice qui venait à domicile. Est-ce normal ? Les gens de l'ASE sont froids, indifférents. On ne leur confierait pas un enfant. Ils ne savent absolument pas s'occuper d'Olivia et, surtout, ils la maltraitent. Elle s'en est aperçue en rendant visite à sa fille. À chaque fois, elle la déshabille entièrement et constate qu'elle porte des bleus et des traces de griffures qui n'existaient pas quand elle l'a ramenée. Personne ne veut le reconnaître. Les maternantes sont tellement occupées qu'elles oublient de changer les couches des enfants. Tout le monde ment, on ne peut faire confiance à personne. La prochaine fois, elle est tout à fait décidée à porter plainte contre la pouponnière. C'est elle qui a demandé à ce que sa fille voie un psychologue, car elle avait constaté qu'Olivia avait peu de réactions, et on a osé lui dire de ne pas venir à la première consultation ! L'indifférence d'Olivia est la preuve même que la pouponnière lui est néfaste et qu'il faut l'en sortir.

Mais qu'est-ce qu'ils veulent ? poursuit-elle. On ne comprend pas, on a tout fait, on s'est séparé du chien, on a vu les psychologues, on a changé de logement !

Épuisée, elle bâille, s'affaisse sur la chaise et… s'assoupit quelques instants.

Le père prend timidement la parole. Quand il était petit, dit-il, sa mère l'a maltraité, « mais pas comme moi, moins fort ». Il ne voudrait pas transmettre « ça ».

Ils redisent encore que ce sont eux qui ont voulu que leur fille soit suivie et qu'ils souhaitent revenir avec elle, puis paraissent assez pressés de partir.

Pour les parents, il y a différentes manières de ne pas se soumettre. La plus fréquente est la fuite et l'abandon de l'enfant à une institution qui sait si bien s'en occuper. La voie choisie par M. et Mme D. est beaucoup plus déstabilisante pour l'ASE, car ils utilisent les mêmes formes d'exercice du pouvoir que celles que l'ASE pratique à leur endroit : jugement des personnes sur leurs actes, déni du droit à s'occuper de l'enfant, accusation de mauvais traitement. De plus, ces parents-là ont compris immédiatement que l'immixtion dans leur vie privée – changement de logement, séparation d'avec le chien, psychothérapie – était une forme de chantage à peine voilée : s'ils font ce qu'on leur dit, ils récupéreront la garde de leur fille qu'ils ne cessent de réclamer. À chaque fois qu'ils cèdent, ils ne manquent donc pas d'exiger ce qu'ils estiment être leur dû. Mais l'ASE leur demande « autre chose », une chose impossible : leur renvoyer une image de « bons parents », c'est-à-dire de parents contrits, alors qu'ils sont jugés « mauvais parents » puisqu'ils contestent tout et, en particulier, l'image qu'on leur renvoie de mauvais parents.

M. et Mme D. tirent argument de leur adhésion minimale – « superficielle », dira l'ASE – pour lutter à armes égales, exprimer leur désaccord, faire valoir leurs droits. M. D. reconnaît avoir transgressé la loi, mais n'accepte pas que ce soit l'ASE qui le déclare coupable. Quant à Mme D., elle agit comme n'importe quelle mère qui estime n'avoir besoin de personne : en se battant bec et ongles pour récupérer son enfant. Cela lui vaut l'opprobre des travailleurs sociaux pour qui les parents rétablissent leur dignité en se soumettant, pas en luttant !

Un élément que je n'ai pas encore relaté a, me semble-t-il, été déterminant dans l'attitude adoptée par ces parents-là. Il s'agit des relations entre l'ASE et le juge des enfants.

Revenons un peu en arrière. Lors du signalement effectué pendant l'hospitalisation d'Olivia, le juge des enfants s'était d'abord prononcé pour une remise de l'enfant à sa famille assortie d'une mesure d'assistance éducative. Les parents en ont bien sûr été informés et ils attendaient la fin de l'hospitalisation pour reprendre leur fille. Jugeant qu'Olivia risquait d'être à nouveau soumise aux mauvais traitements, ce qui n'était peut-être pas faux, l'ASE est immédiatement intervenue auprès du juge qui a modifié sa décision, sans revoir les parents, dans le sens d'une ordonnance de placement provisoire à la pouponnière. Les parents en ont conclu que le juge n'était plus là pour « juger », mais pour entériner légalement l'avis de l'ASE. La façon dont la décision de placement a été prise et transmise leur a paru entachée d'une irrégularité grave.

De fait, lorsque l'ASE – même lorsqu'il s'agit de protéger un enfant, comme c'est le cas ici – agit en sortant de sa fonction, c'est-à-dire en ne se soumettant pas à la justice mais en se servant de la justice, on peut et on doit même s'attendre à ce que les parents refusent toute légitimité à cette institution. Lorsque le juge des enfants se laisse dicter sa conduite par l'ASE, celle-ci est vécue comme toute-puissante et ne peut être que persécutrice. Le personnel de la pouponnière le devient aussi, et c'est l'enfant qui en fait les frais.

Il est remarquable que M. D. n'ait jamais contesté le fait d'avoir été emprisonné, pas plus que le jugement prononcé ultérieurement : deux mois de prison ferme couverts par l'incarcération préventive, vingt-quatre mois de prison avec sursis, trois ans de mise à l'épreuve et dix-huit mille francs de dommages et intérêts pour Olivia. Il s'y est soumis avec soulagement et a particulièrement apprécié la réparation à l'égard d'Olivia que représente l'argent qu'elle touchera à sa majorité.

On peut avancer l'hypothèse selon laquelle M. D. est devenu père, le père d'Olivia, le père qu'il souhaitait être, après et grâce au jugement. Loin d'être un obstacle à la poursuite des échanges familiaux, celui-ci en a été la condition. Jusque-là, la violence qu'il avait lui-même subie n'avait pas été reconnue. Or les actes qui se répètent de génération en génération – c'est le cas pour la maltraitance – sont essentiellement ceux qui n'ont pas été reconnus en paroles au moment où ils se sont produits.

Lors de son incarcération, M. D. a pu en parler, pour la première fois de sa vie. Cette reconnaissance n'a pas eu lieu lorsqu'il était enfant, et cela a probablement été plus blessant que les coups dont il précise qu'ils n'étaient pas aussi forts que ceux qu'il a donnés. Sans le savoir, sans le vouloir, en donnant le biberon à son enfant, M. D. s'est trouvé en position de « maman » et a agi comme sa maman : en battant l'enfant à la moindre résistance. Il ne pouvait faire autrement, tout en souhaitant ne pas « transmettre ça ». Le jugement lui permettra de transmettre non pas les coups mais l'histoire des coups.

On peut néanmoins se demander si cette explication épuise la question. Il est probable que non. L'expérience montre qu'un secret peut en cacher un autre, ou plutôt que la révélation d'un secret permet de camoufler ou de refouler encore plus soigneusement un autre secret.

Il m'est arrivé de recevoir des parents qui venaient me demander comment révéler à leur fille adolescente que le père légal n'était pas le géniteur. J'ai découvert, des années plus tard, que l'homme abusait de sa belle-fille depuis sa plus tendre enfance, en lui faisant croire qu'il était son père *et* en la violant… Dans le cas de M. D., je n'ai aucune preuve de ce que j'avance, mais il me semble intuitivement que cette « explication » si satisfaisante dans la mesure où elle confirme un savoir sur la maltraitance – les enfants battus ont des parents qui ont été eux-mêmes des enfants battus – a pour fonction de clore le débat plus que de l'approfondir.

Dans les couples où un seul des deux parents a été victime de violence dans son enfance et peut en parler à un conjoint compréhensif, l'entraide est parfois remarquable. La violence de l'un est temporisée par les paroles de l'autre qui saura expliquer à l'enfant qu'il n'est pas responsable. Dans le cas des parents d'Olivia, la mère a parfaitement perçu la violence du père et a demandé presque immédiatement une aide extérieure, qui n'a pas été adéquate.

Chez les enfants victimes de sévices sexuels, on constate très souvent que l'un des parents a lui-même été victime de sévices non reconnus. Lorsqu'il s'agit d'un inceste père-fille, on est surpris par la tolérance de la mère qui, dans la plupart des cas, sait mais ne protège pas sa fille. Il est exceptionnel que ces mères n'aient pas elles-mêmes été victimes d'un viol à propos duquel rien n'a été fait ou dit. On sait moins que lorsqu'un enfant est victime d'un viol perpétré par une personne extérieure à la famille, il est extrêmement fréquent, quand on se donne la peine d'écouter les parents, d'apprendre que le parent du même sexe que l'enfant violé a lui-même, dans son enfance, été victime d'un viol dont il n'a jamais parlé. L'enfant est tout autant la victime du viol que du silence qui a prévalu à la génération de ses parents et qui l'expose à son insu. On le perçoit assez clairement car le parent est à peine surpris de ce qui arrive à son enfant. Il tend même parfois à minimiser l'importance des faits, comme s'il percevait inconsciemment que « ça devait arriver ». Mais là encore, relater simplement les faits, si l'on peut dire, n'est pas suffisant. La psychothérapie, *a fortiori* la psychanalyse, n'ont pas pour but de faire dire ou de faire avouer. La remémoration du traumatisme et surtout des sentiments éprouvés au moment des faits n'est qu'une étape pour leur élaboration dans le transfert. C'est ce travail-là qui peut permettre que les faits ne se reproduisent pas de génération en génération.

L'enfant né sous X

> Aucune famille ne peut accrocher cet écriteau à la porte de sa maison : « Ici, nous n'avons pas de problème. »
>
> Proverbe chinois

Le rendez-vous suivant a été pris pour un enfant de deux mois que je reçois pour la première fois. En regardant le dossier où sont inscrits ses nom et prénoms, je peux déjà prévoir qu'il s'agit d'un enfant dont la mère a accouché sous X, anonymement, car son nom de famille est un prénom [1].

Selon le protocole habituel, l'enfant est accompagné par un représentant de l'ASE appelé « référent [2] », une responsable d'unité et une maternante de la pouponnière [3] qui le tient dans ses bras. Tour à tour, chacune va me transmettre ce que l'on sait de cet enfant.

Igor est arrivé à la pouponnière à cinq jours de vie, dès sa sortie de la maternité. Sa mère avait pris, dès le début de sa grossesse, la décision d'accoucher sous X [4].

L'accouchement a eu lieu dans des conditions un peu particulières : la grossesse n'ayant pas été suivie, la future mère est arrivée en catastrophe dans une maternité surchargée où personne ne l'attendait. Elle a dû accoucher dans la salle d'urgence et a bien précisé qu'elle ne souhaitait pas voir l'enfant. Prenant prétexte de l'exiguïté du local, le nouveau-né a été posé sur son ventre le temps de couper le cordon ombilical. Elle ne l'a pas regardé, ne lui a pas parlé, ne l'a pas touché avec ses mains. Le lendemain, elle a demandé le sexe de l'enfant, donné les prénoms, puis a quitté la maternité. Entre-temps, elle a pu être reçue par une assistante sociale à qui elle a donné quelques indications que l'on appelle aujourd'hui « non identifiantes » : son âge, son origine ethnique, celle du père, la taille du père (!). Elle a dit aussi que c'était « un geste d'amour » de le laisser pour l'adoption : elle ne pouvait pas élever cet enfant car elle était séparée du père [5].

À son arrivée à la pouponnière, Igor est éveillé, il boit bien ses biberons. À trois semaines de vie, il doit être hospitalisé une dizaine de jours pour bronchiolite avec foyer pulmonaire. Au cours de ce séjour, il perd du poids qu'il récupère assez vite et présente surtout un érythème fessier impressionnant qui va guérir très difficilement.

À son retour de l'hôpital, tout le monde remarque qu'il est très attentif à ce qui se passe dans sa chambre car il réagit vivement aux bruits ou à l'appel de son nom, mais dans les bras de ses maternantes, il fuit le regard et même le contact en se rejetant violemment en arrière sauf au moment du biberon. Sur la table à langer, il détourne ostensiblement la tête, il est tendu, garde les poings serrés. La maternante me dit : « J'y arrive pas. »

Deux jours après son retour de l'hôpital, apparaît un « bourgeon ombilical ». La responsable d'unité lui explique alors à quoi sert le cordon qui le reliait à sa mère, cordon coupé à la naissance. Elle me précise : « Je le connais depuis son arrivée et c'est la première fois qu'il me regardait avec une intensité particulière. » L'attitude qui consiste à parler directement à l'enfant de ce qui lui arrive est pratiquée avec le plus grand naturel par le personnel de cette pouponnière, mais c'est loin d'être le cas dans d'autres institutions.

La référente reprend la parole pour me dire qu'elle a la conviction que la mère ne reviendra pas sur sa décision car elle avait l'air très décidée. Les maternantes, elles, n'ont pas d'opinion sur cette question.

Igor aura trois mois dans quatre semaines. Si la mère n'est pas revenue sur sa décision à cette échéance, le pré-conseil de famille est prévu deux semaines plus tard et le conseil de famille un mois plus tard.

Grâce à la venue régulière de sa référente, Igor a été immédiatement, puis régulièrement, informé de sa situation. L'observation a été finement menée et la décision de venir me consulter prise rapidement.

Pendant le récit de l'accouchement, Igor pleure et pousse des cris de colère assez vigoureux. Puis il s'arrête et me paraît spécialement attentif quand je lui parle de sa vie avant la naissance pour lui dire que lui seul sait ce qui s'est passé à ce moment-là.

Françoise Dolto nous a appris que les événements qui surviennent chez les nourrissons de moins de neuf mois sont à relier à d'autres événements qui se seraient produits au même âge intra-utérin. Pour les enfants de moins de trois mois, on pense évidemment aux possibilités, sinon aux manœuvres d'avortement. Dans le cas d'Igor, je n'ai et je n'aurai aucune information concernant cette période, car les personnes qui reçoivent les mères n'en demandent jamais, ce qui est regrettable.

Nous ne pouvons que constater ensemble que sa mère de naissance a décidé de le laisser vivre et que lui-même a décidé de rester vivant. Actuellement, il attend – et nous attendons avec lui – de savoir si sa mère de naissance maintient sa décision, et personne, pas même sa référente, ne peut encore savoir si elle le reconnaîtra ou pas.

Je m'enquiers systématiquement de l'opinion qu'ont les personnes chargées de l'enfant car j'ai remarqué que, le plus souvent, elles en ont une : la mère va ou ne va pas changer d'avis, par exemple. Cette opinion, on peut même parler de conviction, a certainement une traduction dans la façon dont elles s'occupent de l'enfant, car il en ressent un malaise. Lorsque je verbalise cette conviction sous la forme : « Mme Untel pense que ta mère de naissance ne reviendra pas sur sa décision mais, en fait, elle n'en sait rien et nous ne savons pas non plus », l'enfant réagit toujours, d'une manière ou d'une autre. La personne qui s'occupe de lui est « remise à sa place » : elle ne peut pas penser pour la mère de naissance et n'a pas à imposer ses convictions à l'enfant.

La mère d'Igor n'a pas voulu le voir. Elle ne l'a donc pas reconnu physiquement bien qu'elle l'ait senti. Parce que cet enfant, comme tous les enfants nés sous X, va vivre la tragédie de l'abandon, on ne peut s'empêcher, lorsqu'une mère n'a pas regardé son enfant, d'évoquer la tragédie grecque.

Dans la Grèce ancienne, l'identification maternelle était avant tout une identification physique, l'identification sociale revenant exclusivement au père. Le principe de la tragédie dans *Œdipe roi* de Sophocle ou dans *Les Choéphores* d'Eschyle est de construire des situations qui devraient rendre cette identification physique possible, tout en ayant posé d'emblée son impossibilité. C'est le cas de Jocaste dont le fils, Œdipe, a eu les chevilles percées et liées par son père avant d'être exposé. Œdipe, devenu adulte, épouse Jocaste après le meurtre de Laïos. Il porte des cicatrices très caractéristiques aux chevilles mais Jocaste, qui connaît pourtant ces cicatrices, ne l'identifiera à aucun moment comme son fils [6].

Les mères qui accouchent sous X en refusant de voir l'enfant s'interdisent à tout jamais de pouvoir le « reconnaître ». Ceci n'est pas sans effet immédiat.

Pendant l'entretien, je suis frappée du fait qu'au moment où je parle de l'absence de regard de reconnaissance de sa mère, Igor rive ses yeux dans ceux de sa maternante, alors qu'un des motifs de la consultation est précisément qu'il évite le regard. Il dissocie la personne qui parle (moi) et la personne qui le regarde (sa maternante). Sa mère n'a pas voulu le reconnaître par le regard. Il faut que quelqu'un le fasse...

Il est difficile de connaître le nombre d'accouchements sous X. Ces naissances sont comptabilisées au niveau départemental et ne font pas l'objet d'une étude nationale. Les estimations varient d'un département à l'autre et d'une année sur l'autre. Les chiffres qui circulent entre professionnels varient entre quatre-vingt-dix et sept cents naissances par an, ce qui est peu au regard des quatre mille cinq cents adoptions réalisées chaque année par les familles françaises. On peut s'étonner de l'intérêt porté par les professionnels et les politiques à l'accouchement sous X, que ce soit pour le défendre ou pour le supprimer [7]. Cet intérêt ne peut être compris qu'en fonction du nombre très important de couples postulant pour l'adoption. L'accouchement sous X n'est-il pas la voie « royale » pour adopter un nourrisson né sur le sol français, qui plus est « sans histoire », cette absence d'histoire étant sciemment organisée par la société qui en devient le tuteur entre la naissance et l'adoption ?

En France, on considère que seule cette mesure permet à des femmes qui ne peuvent élever leur enfant de ne pas avorter grâce à l'assurance qui leur est donnée de rester anonymes. La modification en juillet 1996 de la loi sur l'adoption a eu pour effet de conserver cette disposition et de diminuer de trois à deux mois le délai légal de rétractation des parents. Il est tout à fait regrettable, le sujet n'étant pas près de revenir devant l'Assemblée nationale, que le point le plus controversé de cette disposition n'ait été qu'effleuré : la conciliation de l'anonymat garanti à la mère et de la possibilité pour l'enfant de connaître ses origines.

Pierre Verdier, membre du Conseil supérieur de l'adoption, président du Conseil de famille des pupilles de l'État de Paris, estime que le défaut de l'accouchement sous X est de sembler dire : « Il ne restera aucune trace. » Or, poursuit-il, quelque chose est arrivé – il faudrait dire « quelqu'un » – et on ne peut faire comme si rien ne s'était passé. Pour l'enfant, l'accouchement secret, « c'est la privation d'éléments nécessaires à l'édification de son identité ».

Il me semble qu'il est tout à fait possible, et même souhaitable, de garantir aux femmes l'anonymat, si elles le souhaitent – les femmes que j'ai rencontrées avaient de très bonnes raisons pour le faire – tout en respectant l'enfant. Ce que l'enfant aura à savoir, c'est précisément cette décision d'accoucher sous X que sa mère a prise et, surtout, ce qu'elle en a dit et ce qu'elle a souhaité transmettre à son enfant. Il est regrettable qu'en pratique l'anonymat qui ne porte légalement que sur le patronyme maternel s'étende fantasmatiquement à tout ce qui entoure la mère et l'enfant. On voit sur certains carnets de santé, à l'emplacement « nom de l'enfant », la mention ANONYME, ce qui traduit bien l'inconscient, et l'inconscience, des personnes qui accueillent ces enfants. Ceux-ci ne sont jamais « anonymes ». Leur dernier prénom leur sert de patronyme jusqu'à l'adoption. Il est rarissime que l'on trouve une lettre de la mère, car au lieu de la solliciter à en laisser une, on favorise l'anonymat. Ce n'est pas tant la loi qui est à remettre en question que les conditions de son application.

La loi du 5 juillet 1996 a aussi levé une sorte de tabou en offrant la possibilité aux femmes qui le souhaitent de faire connaître ultérieurement leur identité [8]. Je n'y suis pas opposée, mais je ne vois pas en quoi cette disposition peut améliorer le sort des enfants dont la mère souhaitera garder l'anonymat, ce qui constituera selon moi la majorité des cas (je peux me tromper). Je ne vois pas non plus en quoi le fait de connaître tardivement le patronyme de leur génitrice aidera ceux qui feront les démarches nécessaires. Les améliorations qui doivent être apportées aux conditions d'accouchement sous X ne peuvent toutes être définies par la loi. En reprenant en détail le cas d'Igor, on peut aisément repérer les violences subies ; elles pourraient être évitées.

La future mère a pris la décision d'accoucher sous X très tôt et pourtant sa grossesse n'a pas été suivie. Est-ce le souhait de la mère qui désirait dissimuler sa grossesse ou bien l'absence de structure d'accueil pour ces femmes qui en est cause ? La consultation, unique en France, ouverte depuis 1990 au CHR de Nantes dans le service du professeur Patrice Lopes, apporte la réponse. Les femmes qui ont pris la décision d'accoucher sous X y sont reçues le plus tôt possible. La psychologue Sophie Marinopoulos et Sylvie Babin, l'assistante sociale, ont élaboré un protocole d'accueil et d'accompagnement qui permet aux femmes d'être suivies médicalement, de se préparer à l'accouchement avec d'autres futures mères, d'élaborer leur décision sans aucune pression, de préparer le nouveau-né à l'abandon. Ces femmes arrivent progressivement à assumer leur devoir de reconnaissance et leur responsabilité vis-à-vis de l'enfant qu'elles vont confier à l'adoption, car elles se sentent respectées en tant que femmes et reconnues comme mères, sans projection de représentations idéalisées de ce que devrait être une mère. Elles peuvent transmettre directement leur désir de vie et les raisons qui les empêchent d'élever elles-mêmes leur enfant en élaborant le cheminement conscient et surtout inconscient qui les a conduites à l'acte d'abandon.

L'exception que constitue la structure nantaise, alors que toutes les maternités accueillent sans beaucoup de réflexion des enfants nés sous X, traduit l'opprobre que suscitent ces femmes. Le fait qu'elles ne soient pas connues dans le service où elles viennent accoucher les distingue du reste des femmes, renforce l'idée qu'elles ne sont pas comme les autres et surtout qu'elles ne sont pas des mères. Nous préférons penser que ces femmes se sentent si coupables ou sont si démunies qu'elles ne viendraient pas si un lieu de parole et de soin leur était offert. L'anonymat, qui ne devrait porter que sur le patronyme maternel, contamine la personne entière et aussi ceux qui s'en occupent. Cet anonymat les exclut des échanges relationnels, qui sont si importants pour une femme qui vient accoucher. Je ne crois pas qu'un seul service d'obstétrique puisse prétendre qu'il traite ces femmes comme des mères *à part entière* et ne les exclut pas, consciemment ou non, dans les faits ou dans les mots, de la communauté humaine. N'est-ce pas folie que de faire vivre à un être humain une naissance « anonyme » et de ne pas essayer de changer les choses ?

La mère d'Igor vient donc accoucher « en catastrophe » et trouve une maternité surchargée. Le sentiment de catastrophe est redoublé par le fait qu'elle accouche en salle d'urgence. Elle a à peine sa place dans le service hospitalier où elle est venue accoucher anonymement.

Il est tout à fait dommage que ce soit précisément cette mère-là et cet enfant-là qui aient pâti de ces conditions déplorables. Lorsque l'on a accompagné des dizaines d'enfants en attente d'adoption et observé qu'ils ne trouvaient jamais de place pour ranger un feutre dans une pochette suffisamment souple pour contenir tout ce que l'on veut y mettre, on se met à accorder une importance particulière au fait qu'un enfant destiné à l'adoption soit accueilli, par manque de place, dans une pièce dont ce n'est pas la fonction et où précisément « il n'y a pas de place ».

Cette absence de place est encore invoquée pour poser l'enfant sur le ventre de la mère. Comment ne pas voir derrière ce lamentable prétexte une tentative pour provoquer chez cette femme une remise en question ? La violence du geste n'a d'égale que la violence du silence qui l'accompagne.

Dans le cas d'Igor, j'ai interprété la survenue de l'érythème fessier, véritable effraction cutanée si anormalement longue à guérir, comme une manifestation de ce viol : consciemment ou non, l'équipe qui a accouché cette femme lui a imposé un contact qu'elle ne souhaitait pas. Ils en ont été incommodés l'un et l'autre : la mère n'a pas dit un mot, car ses mots, s'ils avaient été sincères, auraient dit le contraire de ce qui se passait, et l'enfant a fait résonner dans sa chair la sensation éprouvée, effraction longue à guérir.

Pendant la vie intra-utérine, le fœtus « entend par la peau » grâce aux vibrations que la voix provoque dans l'eau. Voici ce qu'en dit Catherine Dolto-Tolitch : « Nous sommes au début de notre vie des êtres vibratoires à l'affût de tout ce qui fait signe, le toucher étant notre sens le plus archaïque, le son porteur de sens s'inscrit par le biais de la peau parmi les ressentis les plus anciens, c'est ce qui lui donne une importance toute particulière. [...] Cette peau intelligente se révèle très tôt comme un organe de communication actif et subtil, permettant la discrimination [9]. »

Il est aujourd'hui habituel, et c'est tant mieux, de poser le nouveau-né sur le ventre de sa mère, de préférence sur le côté en le tenant de façon enveloppante et en lui parlant, avant de couper le cordon ombilical. La mère, et le père s'il est présent, découvrent en le regardant et en le touchant leur enfant dont le sexe est aussi énoncé. En un instant qui ne se reproduira plus jamais, le nouveau-né naît à la vie symbolique par ses propres perceptions, par celles de ses parents, par les mots et les regards qui l'enveloppent autant que les bras. Ce premier contact, peau à peau, associé au regard et à la parole, est le symbole même de la séparation ou plutôt du retournement spatial qu'opère la naissance. Se toucher, être touché, pour pouvoir se séparer, c'est la différence fondamentale entre la vie intra-utérine et la naissance.

Rien de tel pour Igor posé sur le ventre de sa mère comme un paquet que l'on n'a pas la place de poser ailleurs... Pas une parole de l'équipe, ni à la mère ni à l'enfant dont le sexe n'a même pas été énoncé. Il y avait véritablement urgence de parole pour accueillir cet enfant en instance de séparation définitive d'avec sa mère. Il n'a eu droit qu'au passage à l'acte violent et mutique d'une équipe envahie par des fantasmes pseudo-charitables.

Igor a bénéficié du recueil d'informations dites « non identifiantes ». Tel est le terme de la loi pour désigner les informations qui « ne doivent pas porter atteinte au secret du patronyme demandé par la mère ». En pratique, ce recueil d'informations, peut-être en l'absence de directives suffisamment claires, laisse fortement à désirer.

Au nom de la préservation de l'anonymat du patronyme de la mère, les enfants nés sous X sont réduits le plus souvent à ne connaître que des éléments biologiques : la taille, le poids, le taux de cholestérol et la couleur de peau de leurs géniteurs. De qui se moque-t-on en réduisant les origines d'un être humain à la rencontre de deux gamètes ? Comment peut-on organiser le secret des origines en toute légalité en le confondant sciemment avec l'anonymat du patronyme ? Là encore, l'exemple de l'équipe de Nantes mérite d'être suivi : l'anonymat est strictement respecté, mais les femmes sont engagées à dire directement à l'enfant ce qu'elles souhaitent transmettre – au premier chef les raisons de l'abandon – et à en laisser une trace sous forme de lettre ou de cassette. Encore faut-il que, par la suite, le personnel de l'ASE ait à cœur de conserver ces traces et que personne ne s'autorise à faire disparaître du dossier de l'enfant les éléments que la mère a choisi de laisser…

Les enfants ont besoin, dès leur naissance, d'une parole de vérité concernant leur histoire afin de pouvoir être en mesure d'adopter une famille. Les familles adoptantes en ont bien pris conscience. Danièle Housset, présidente de la Fédération Enfance et Familles d'adoption, témoigne avec vigueur du mauvais procès que l'on fait aux parents adoptifs en prétendant que ce sont eux qui tiennent au secret comme garant supposé de leur tranquillité. À la vérité, on se soucie assez peu de respecter les conditions nécessaires pour qu'un enfant soit en mesure d'adopter, lui aussi, une famille, une histoire et l'identité qu'elle propose. On a tort, car la façon dont un enfant est accueilli à sa naissance et les paroles qui lui sont dites sont souvent à l'origine des échecs de l'adoption. La précocité de l'adoption, à l'étranger notamment, ne dispense nullement l'enfant d'avoir à faire le deuil de sa famille biologique. Comme tout deuil, il est préférable de le faire quand il est d'actualité, c'est-à-dire au moment de la rupture.

Ces paroles de vérité sur l'origine doivent être dites dès la naissance. Si les parents biologiques ne peuvent le faire, toute personne se sentant en mesure de parler à l'enfant et pouvant témoigner de son histoire doit se sentir impliquée dans une urgence d'intervention, une urgence de parole. Il arrive, mais c'est exceptionnel, que cette parole de vérité soit qu'on ne sache rien. C'est le cas – cela arrive encore – des enfants abandonnés sur la voie publique. Peut-on leur refuser la possibilité de se construire, non pas sur un secret, mais sur une impossibilité d'en savoir plus ? Certainement pas, mais à une condition : que cela soit dit tout de suite, et repris autant de fois que nécessaire pour éviter que l'absence d'information ne devienne un secret.

L'accouchement sous X est à juste titre considéré comme une « amélioration » par rapport à l'abandon sur la voie publique : il permet aux femmes d'accoucher plus décemment, au moins sur un plan matériel, sans mettre en péril leur vie et celle de l'enfant. Mais cette amélioration ne bénéficie pas suffisamment à l'enfant. On s'assure de sa prise en charge matérielle, son sort réveille tous les fantasmes charitables des personnes qui s'occupent de lui, mais il manque l'essentiel : la reconnaissance par la parole de son existence d'être humain à qui l'on fournit les éléments suffisants pour comprendre non pas qui, mais pourquoi ses parents ont pris la décision de le faire adopter.

On ne peut à la fois soutenir que les informations sur les origines aident les enfants à se construire et en priver une seule catégorie de futurs citoyens, ceux nés sous X. On ne peut non plus prétendre que la « révélation » du patronyme de la mère biologique, laissée à la discrétion de celle-ci et du représentant légal jusqu'à l'âge de la majorité, va les aider à se construire. On n'empêchera pas les enfants adoptés de fantasmer sur le fait qu'on leur cache quelque chose – les enfants qui ne sont pas adoptés fantasment aussi –, mais la société n'a pas à alimenter ce fantasme en confisquant ou en censurant les informations qu'elle possède, ou en légiférant mollement sur un autre fantasme : celui de protéger les mères qui accouchent sous X des recherches futures que pourrait entreprendre l'enfant qu'elles n'ont pu élever.

Dans le cas d'Igor, la mère a dit qu'elle ne pouvait garder son enfant car elle était séparée du père. C'est peu de chose, et j'ai du mal à imaginer qu'elle n'en ait pas dit un peu plus. Si elle ne souhaitait pas parler à l'assistante sociale, lui a-t-on proposé de laisser une lettre ? Si elle a donné d'autres informations, la censure opérée en toute légalité est une violence pour l'enfant, violence de la société qui agit en créant des liens collectifs qui sont des liens de silence. Ce silence devient un secret, le secret un mensonge, quand on affirme qu'on ne sait rien : les enfants sont des orphelins de paroles. Les paroles sont vides, elles ne résonnent plus dans la chair : même s'ils acquièrent la parole, les enfants se blindent, s'insensibilisent. Peut-on leur reprocher de tenter de se mettre à l'abri du chaos qu'on leur a fabriqué ?

La période d'attente qu'a vécue Igor – le délai pendant lequel les parents peuvent changer d'avis et reconnaître l'enfant – a été réduite. De trois mois, elle est passée à deux, ce qui n'est pas très audacieux. Était-il vraiment impossible, avec l'accord de la mère, de promulguer l'adoptabilité des enfants nés sous X dès les premiers jours de vie ? À une condition toutefois : que l'on ne prenne pas prétexte de l'âge de l'enfant pour ne pas lui parler tout de suite, « puisqu'il ne peut pas comprendre », ni plus tard, « puisqu'il aura tout oublié », ou pour changer ses prénoms d'origine qui sont parfois le seul garant de son identité. L'âge auquel on admet sans réserve qu'un enfant « comprend » étant canonique, mieux vaut en effet qu'il soit adopté le plus rapidement possible. Je ne pense pas que les mères qui prennent la décision d'accoucher sous X aient besoin de plus de quelques jours pour confirmer ou infirmer leur décision. D'après les témoignages recueillis, leur souhait est toujours que l'enfant soit adopté le plus tôt possible.

Mais là encore, la loi ne résout pas tout. Reprenons le cas d'Igor. À trois mois, il devra encore attendre un mois avant la réunion du conseil de famille au cours de laquelle la famille adoptive sera sélectionnée et pressentie. La première rencontre entre l'enfant et la famille met généralement deux semaines à s'organiser. Igor aura déjà quatre mois et demi. J'écris « déjà » mais je crois que les personnes qui siègent dans les conseils de famille pensent « seulement ». Nous ne devons pas avoir la même perception du temps... Avant la nouvelle loi, je n'ai rencontré aucun enfant né sous X qui ait été adopté avant cinq et, plus souvent, six mois. Attendre six mois quand on vient au monde, c'est comme attendre dix ans quand on en a quinze.

Tant que les enfants seront à la disposition des conseils de famille et non l'inverse, aucune loi ne réduira de façon significative les délais d'adoption. Là encore, il y a une violence à manipuler le temps sans avoir de respect ou même de compassion pour ces enfants en attente de lien. Les enfants adoptables à deux mois devraient rencontrer dans les jours qui suivent leur future famille adoptive, et cela de façon impérative. On peut ensuite leur laisser le temps nécessaire, variable selon chaque enfant et selon chaque famille, pour apprendre à se connaître. La tendance actuelle des futurs parents adoptifs, peut-être parce qu'ils ont beaucoup attendu, est d'emmener l'enfant le plus vite possible, ce qui n'est pas toujours souhaitable.

L'enfant qui aimait trop sa mère

> Les enfants commencent par aimer leurs parents ; après un certain temps, ils les jugent ; ils ne leur pardonnent que rarement, pour ne pas dire jamais.
>
> Oscar WILDE

Marie a quatre ans. Elle est arrivée à l'âge de trois ans à la pouponnière par décision du juge des enfants, à la suite de sévices physiques : hématome frontal, œdème au menton, hématomes sur les deux jambes, hématome lombaire et deux dents fracturées. La mère admettait qu'elle était peu patiente car sa fille était « méchante », ne faisait que des bêtises et disait des gros mots. Elle l'accusait aussi de frapper sa petite sœur, placée simultanément et qui était, elle aussi, toute cassée.

Cette séance se situe neuf mois après le début de l'analyse de Marie.

Marie est accompagnée par sa maternante qui a des informations à me communiquer : ses parents ne sont pas venus la voir depuis maintenant trois mois, me dit-elle de la façon la plus neutre possible. La mère a envoyé une lettre il y a quelque temps pour dire qu'elle était fatiguée et que le père avait mal à la jambe.

« Ma maman est dans sa maison, intervient Marie. Elle est malade, elle peut pas venir.

– Tu cherches à l'excuser, ça pourrait aussi te faire de la peine. »

La maternante reprend la parole pour dire que Marie est très agressive avec les maternantes. Elle en a « tabassé » une la semaine dernière. Elle mange énormément, surtout du pain.

Tout en écoutant, je consulte mes notes des séances précédentes et retrouve que lorsque les parents venaient, on m'avait informée que les visites se passaient mal. La mère était très agressive avec Marie qui ne l'écoutait pas, ne voulait ni être touchée, ni être embrassée. La mère criait : « T'es toujours aussi chiante, t'as pas changé. » Le père n'arrivait à formuler que des interdictions sur le mode « fais attention » ou « fais pas ça ». Les parents ne restaient jamais seuls avec leur fille. Les maternantes avaient peur que l'attitude de Marie ne soit perçue comme provocatrice et ne lui attire des coups.

Je poursuis ma lecture à voix haute : « Les parents ont demandé un droit de visite plus fréquent qui leur a été refusé. Lors de l'entretien, la mère a très mal pris ce refus, en a jeté la responsabilité sur Marie qui était présente. » J'ajoute : « C'est depuis ce refus que tes parents ne viennent plus et aussi depuis que ta maman attend son bébé. » La maternante enchaîne : « Quand la maman n'arrive pas à obtenir quelque chose, elle dit que c'est la faute de Marie. » Marie acquiesce : « Ah oui. » La maternante sort avec l'accord de Marie. La séance peut commencer.

Marie tente de sortir la pâte à modeler d'un biberon en le secouant.

« C'est dur, c'est dur ! hurle-t-elle.

– C'est dur ce que dit ta mère, que tout est toujours de ta faute. »

Elle me tend le biberon avec autorité pour que je l'aide. Je refuse en lui expliquant comment elle pourrait y arriver, par exemple en utilisant le couteau qui est à côté d'elle. Elle est furieuse que je n'obtempère pas, tape le biberon sur la table pour le vider, ce qui reste sans effet, et se décide à utiliser le couteau, ce qui est très efficace. Une fois le biberon vidé, elle s'exclame avec satisfaction :

« J'y arrive ! C'est pas pour toi.

– Si je l'avais fait à ta place, tu n'aurais pas su que tu pouvais y arriver. »

Elle met le biberon dans un pot.

« Ça chauffe, dit-elle.

– Quand ta mère ou ton père te disputent, "ça chauffe" aussi. C'est comment quand ça chauffe ? »

Elle tète la tétine puis la mord. J'ai l'impression qu'elle ne répond pas à la question précédente, elle passe à autre chose.

« Tu penses peut-être à ta maman qui attend un bébé ? »

Elle se lève, se dirige vers le téléphone, décroche le combiné et appelle « Monsieur Loup ».

« *(À moi.)* Je l'entends pas Monsieur Loup, il est parti, il va chercher du pain, du lait, de l'eau.

– C'est pour faire un bébé ?

– *(À moi.)* Oui. *(Dans le téléphone.)* D'accord Monsieur Loup. *(À moi.)* Il va chercher de la purée et des frites.

– Il mange trop, qu'est-ce qui arrive quand on mange trop ? Peut-être que tu penses que ta maman a un gros ventre parce qu'elle mange trop ?

– *(Dans le téléphone.)* D'accord, d'accord. »

Elle repose le combiné, revient au bureau, tâte le biberon.

« Le biberon, il est froid. *(À moi.)* Tu peux donner un bébé ?

– Comment on fait pour donner un bébé ?

– *(Me tendant un feutre.)* Tu fais un chien, moi j'y arrive pas.

– Fais comme tu penses. »

Elle commence un dessin et me le montre.

« Tu vois, c'est raté. Chez Tata, le chien fait caca. »

Elle prend les petits morceaux de pâte à modeler qu'elle a sortis du biberon en début de séance et va les distribuer aux participants.

« *(Très autoritaire.)* C'est du gâteau, faut manger tout ! »

Certains refusent, disant qu'ils n'ont pas faim, mais elle est incapable de tenir compte de leur avis et leur impose de prendre le « gâteau ».

« C'est peut-être comme ça que faisait ta maman quand tu ne voulais pas finir ton assiette… »

Elle revient vers moi, lève une main menaçante dans l'intention de me frapper mais ne le fait pas.

« Tu donnes à manger sans savoir si la personne a faim ou tu fais le geste de frapper. Ce n'est pas la même chose que de le faire en vrai. Peut-être que tu racontes comment ça se passait chez toi. On va s'arrêter pour aujourd'hui. »

Pour Marie, être agressive comme sa mère n'est pas seulement une façon de s'identifier à elle ou de justifier son comportement. C'est aussi probablement une façon de la rendre présente alors qu'elle est absente. Cette présence, même assortie de coups, est synonyme de vie. Une des grandes qualités du personnel de la pouponnière d'Antony est d'accepter les enfants comme ils sont et de ne pas essayer de les « changer » au nom de principes éducatifs normatifs ou en les conduisant chez le psychanalyste. Ce comportement m'est rapporté comme un signe exprimant une souffrance, qui pourra s'exprimer en mots si l'enfant le souhaite, non comme un comportement à réduire.

La définition actuelle de la maltraitance, celle qui fait l'objet d'un consensus social et juridique, est la suivante : « L'enfant maltraité est celui qui est victime de violences physiques, cruauté mentale, abus sexuels, négligences lourdes ayant des conséquences graves sur son développement physique et psychologique [1]. »

Le dépistage des mauvais traitements, le signalement au procureur qui saisit le juge des enfants, le placement des enfants, l'interdiction ou la limitation des visites des parents lorsque ceux-ci menacent l'intégrité physique ou psychique de leur enfant, tout cela fait maintenant partie de la procédure bien rodée d'un pays qui assure légalement la protection des enfants y compris – ou surtout ? – lorsque ceux-ci sont menacés par leurs parents.

Pour en arriver là, nous sommes passés du déni systématique de la maltraitance intrafamiliale – un parent ne peut pas faire ça à son enfant – au soupçon systématique : tous les parents sont potentiellement maltraitants. Le déni de la maltraitance a conduit de nombreux enfants à la mort tant par la violence des parents que par l'aveuglement, la méconnaissance ou le refus de l'entourage de se compromettre, et d'autres enfants, plus nombreux encore, à vivre sous la terreur sans avoir aucune chance d'être jamais secourus. À première vue, on ne peut que se féliciter de la prise de conscience de l'ampleur de la maltraitance, dans laquelle les médecins, et en particulier les pédiatres, ont joué un rôle déterminant, et des moyens mis en œuvre à l'échelon national pour la prévenir. Si nous ne le percevons pas toujours, cette prise de conscience s'intègre dans un cadre plus vaste qui a trait à la place de l'enfant dans notre société. Au cours du XXe siècle, nous n'avons pas seulement pris conscience de ce que les enfants pouvaient être menacés par leurs parents. Les médias qui n'inventent rien nous entretiennent abondamment de toutes les autres menaces qui pèsent sur un enfant : les autres enfants [2], les pédagogues plus ou moins pédophiles, les automobilistes, les terroristes, les pervers que la justice relâche. Le très sérieux rapport sur « Les liens entre la santé et l'environnement notamment chez l'enfant », diligenté par le professeur Mattei, est à la pointe du progrès en nous annonçant que les hommes et les femmes sont dangereux pour les enfants avant même qu'ils ne soient conçus. En tête de la liste : la baisse du nombre des spermatozoïdes chez l'homme (!), la prise de médicaments ou le tabagisme chez la femme, et même la dépression du post-partum.

Les personnes qui pensaient hier que les enfants ne pouvaient être maltraités, sauf par des brutes épaisses, pensent aujourd'hui que tous les parents, tous les adultes peuvent maltraiter leurs enfants. Est-ce vraiment un progrès ? Ne convient-il pas de nous demander si les mécanismes sociaux et juridiques mis en place dans la plupart des pays occidentaux pour protéger les enfants contre des menaces enfin dévoilées ne développent pas aussi, et à leur insu, des mécanismes de violence ou même de haine ?

À cet égard, la séance avec Marie est assez significative. Comme j'ai déjà pu le constater à plusieurs reprises, Marie reste très mobilisée par l'adoration qu'elle porte à sa mère, se saisissant de la moindre remarque perçue comme critique pour l'excuser et la justifier. Elle se pose également des questions sur la façon dont sa mère a pu avoir un bébé dans le ventre : en mangeant ? Grâce à l'intervention de Monsieur Loup ? Elle se demande aussi comment il va sortir (le chien fait caca), tout en reproduisant probablement l'atmosphère pleine d'excitation de sa relation à sa mère qui la faisait manger de force et la battait quand elle se rebiffait. La souffrance de l'abandon qu'elle est en train de vivre est différente, mais non moins intense que la souffrance des coups. Pour la protéger des visites de ses parents jugées, à juste titre, extrêmement violentes, la demande des parents qui souhaitaient venir plus souvent a été rejetée. Ce rejet est la sanction d'une attitude parentale qui n'est pas « conforme » mais, en vérité, la sanction, c'est Marie qui la subit : ses parents l'accusent d'en être la cause et la punissent en ne venant plus la voir ! La séparation protège les enfants des coups, mais elle ne change pas les parents.

S'il y avait un lieu proche mais distinct du lieu d'accueil où les parents puissent venir avec leurs enfants, que ceux-ci soient placés en institution ou non, et où le personnel, différent de celui de la pouponnière, ne leur demanderait rien, les visites pourraient devenir un moment privilégié pour médiatiser ces relations et les faire progressivement évoluer. Il ne me paraît ni sain ni thérapeutique que les maternantes soient mises en position de surveiller les parents et d'émettre une opinion sur leur comportement.

L'absence de structure adaptée pour recevoir ensemble les parents et les enfants placés a des conséquences importantes sur la façon dont les parents sont traités par l'ASE. Les travailleurs sociaux sont pris dans une contradiction impossible à résoudre avec les moyens dont ils disposent actuellement. Soit ils s'occupent uniquement des enfants sans se préoccuper de la manière dont les parents mènent leur vie. En pratique, cela n'est possible que lorsque les parents n'ont pas de contact avec l'enfant, et provoque un transfert de l'autorité parentale des parents à l'État. Soit ils considèrent que leur fonction protectrice auprès de l'enfant les autorise à agir sur les parents pour les inciter à se conduire en bons parents. C'est presque toujours le cas lorsque les parents gardent des contacts avec l'enfant.

L'ASE agit sur les parents de Marie sous une forme qui se veut éducative, en s'octroyant le droit de réglementer les visites en fonction de leur comportement. S'ils se conduisent « bien », ils pourront venir davantage. S'ils se conduisent « mal », ils seront sanctionnés. On peut déjà mettre en doute l'aspect éducatif du système punition-récompense appliqué aux enfants. Pour ces parents-là, une telle méthode est particulièrement malvenue, car elle reproduit ce qu'ils ont fait subir à leur enfant, en dépassant les bornes, et ce qu'ils ont eux-mêmes, selon toute vraisemblance, subi dans leur enfance.

L'institution chargée de la protection de l'enfant ne peut laisser les parents tout faire dans l'enceinte de la pouponnière. Elle doit être à même d'indiquer les limites à ne pas franchir. Doit-elle pour autant traiter les parents comme des enfants coupables ? La voie est étroite, et pourtant absolument nécessaire à trouver, entre la reconnaissance de la transgression, la non-identification de la personne entière à son acte et le respect en tant que parent de la personne qui transgresse. Tous les parents qui, tels ceux de Marie, sont sanctionnés comme des enfants coupables, par la limitation du nombre de visites, se conduisent comme des enfants qui voudraient se venger d'un affront ou d'une injustice : en venant encore moins.

Vouloir « éduquer » les parents au nom de la protection de l'enfant est une forme de violence qui s'exerce autant sur les parents que sur l'enfant : sur les parents en leur imposant de changer sans leur offrir le moindre cadre pour élaborer ce changement, sur l'enfant en disqualifiant ses parents quoi qu'ils fassent. S'ils demandent à venir plus, on le leur interdit, mais qu'ils viennent moins et ils sont voués à l'opprobre. La protection de l'enfant ne peut se réduire à l'éloignement physique pour lui épargner les coups. Protéger l'enfant, c'est aussi protéger la dignité de ses parents pendant la séparation, ce qui est bien plus difficile.

Est-ce trop demander aux personnes qui ont un rapport professionnel avec les familles – du juge aux travailleurs sociaux en passant par les médecins – de s'interroger, à un moment ou à un autre, sous une forme collective ou individuelle, sur la manière dont ils ont été éduqués et de reconnaître, si tel est le cas, qu'ils ont eux-mêmes subi des violences de la part de leurs parents ? Cela permettrait d'éviter les impasses de l'identification à la victime, laquelle amène les institutions à se vouloir pompiers et à être pyromanes.

Les parents de Marie, dont la capacité à être responsables de leurs actes a été mise à mal, ont un autre moyen de résister à l'institution : en faisant un autre enfant qu'ils garderont. On constate malheureusement trop souvent que ces enfants, conçus comme tous les enfants en toute inconscience, ont le même sort que leurs aînés. Je n'ai pas connaissance de services d'obstétrique ayant spécifiquement réfléchi à l'accueil et au suivi de ces femmes. Elles ne viennent pas d'elles-mêmes, comme si elles craignaient d'être disqualifiées avant même que l'enfant ne soit né. Non sans raison d'ailleurs, puisque les services sociaux les « signalent » bien souvent dès qu'ils ont connaissance de la nouvelle grossesse. Cet enfant réparateur de la dignité blessée des parents est souvent placé en institution dès les premiers jours de sa vie. Et l'on s'étonne ensuite que ces femmes soient perpétuellement enceintes d'enfants que l'on met un point d'honneur à leur retirer dès qu'ils sont venus au monde. Pour protéger qui ?

Est-ce une domination [illegible] qui est un [illegible] par les [illegible] sociale [illegible] par les [illegible] dont [illegible] [illegible]

[illegible]

L'enfant à qui on a trop parlé

> Les gens ne songent pas au retentissement que leurs propos et attitudes peuvent avoir sur le petit enfant parce qu'ils lui prêtent communément une existence larvaire. À une larve, ils croient pouvoir faire toutes les blessures parce qu'une chenille n'a pas de valeur à leurs yeux. Ils agissent comme si le papillon qui les émerveille n'en était pas issu. Contresens biologique. Précisément, toute trace dévitalisante que subit la larve va potentiellement dévitaliser l'être mutant et le papillon futur sera un papillon raté.
>
> Françoise DOLTO

Je n'ai vu Ève qu'une fois, à l'âge de trois mois et demi. Depuis, elle a fait la connaissance de ses futurs parents adoptifs qui ont souhaité me rencontrer avec elle. Cette unique consultation qui précède l'entretien d'aujourd'hui a été passablement houleuse car l'on est venu essentiellement me raconter une histoire de dysfonctionnement institutionnel et humain devant un nourrisson ne présentant aucun symptôme particulier !

La mère d'Ève est venue en France accoucher sous X. Son histoire a bouleversé les personnes qui l'ont reçue. Il s'agit d'une femme bosniaque célibataire, appartenant à un milieu intellectuel, victime d'un viol collectif perpétré dans le cadre de la « purification ethnique ». Elle a été « empêchée » d'avorter dans des délais raisonnables. À un stade avancé de sa grossesse, elle a pu venir accoucher et faire adopter son enfant en France, où elle savait qu'elle n'aurait pas à décliner son identité.

La mère a manifesté sa peur de l'enfant qui allait naître et n'a pas souhaité la voir. Les prénoms ont été choisi par l'équipe obstétricale.

Le nourrisson et la mère ont fait l'objet de tous les soins du personnel de la maternité et j'apprends, incidemment, qu'un médecin a même donné son adresse personnelle à la mère et qu'il connaît son nom...

Après quelques jours, Ève a été transférée à la pouponnière d'Antony. Là aussi, forte émotion en apprenant les conditions de sa conception. Ève a été mise au courant des circonstances de sa naissance et des raisons de sa venue à la pouponnière : attendre trois mois avant d'être adoptée si sa mère ne revient pas sur sa décision.

Cela n'a pas suffi. Le jeune responsable du groupement a jugé que l'enfant devait être mise au courant des circonstances de sa conception, autrement dit du viol. Il est venu « l'informer » à la pouponnière. En quels termes ? Difficile à savoir. J'hésite d'ailleurs à le pousser à me donner des précisions en présence de l'enfant.

À la suite de ces « révélations », Ève se porte toujours aussi bien. Elle poursuit sa croissance et s'épanouit, mais le personnel de la pouponnière n'est pas pour autant apaisé. Il ressent à juste titre comme une violence le fait d'avoir parlé à cette enfant du viol. Pour se justifier, le responsable du groupement me dit : « J'ai lu votre livre et vous dites qu'il faut tout dire aux enfants ! »

Faut-il que j'arrête d'écrire ?

Avec une célérité remarquable, car exceptionnelle, le conseil de famille s'est déjà réuni. Il a retenu une famille : Ève va être adoptée à quatre mois.

Le but de la première consultation n'est pas très clair. Je pense que les acteurs de cette histoire, tout au moins ceux qui sont là, pensent que les choses ne se sont pas passées comme elles auraient dû, et souhaitent en parler à une tierce personne qui puisse intervenir auprès de l'enfant avant qu'elle soit remise aux parents adoptifs qui, eux-mêmes, sont au courant de tout.

Après avoir écouté ces différents récits un peu chaotiques, il a fallu que je m'adresse à Ève dans l'idée de lui restituer une histoire un peu plus cohérente : « Ta mère de naissance t'a donné la vie et a souhaité que tu sois adoptée en France. Tu ne la reverras plus jamais et tu ne connaîtras pas ton père qui ne sait pas qu'il t'a conçue. C'est parce qu'il y a la guerre dans le pays d'où vient ta mère que tu as été conçue sans que ta mère le souhaite. Mais puisque tu es là, c'est que tu as voulu vivre (elle me fait un grand sourire). Cette histoire a semblé très triste aux personnes qui ont accueilli ta mère. Ils auraient souhaité que les choses soient différentes, mais c'est impossible. »

Deux semaines plus tard, je reçois donc les parents qui viennent d'accueillir Ève, l'enfant dont rêvent tous les parents adoptifs : jeune, blanc, blond, bleu, et en bonne santé.

Ils ont demandé à me voir car ils ne savent pas quoi faire de tout ce qu'on leur a dit. Ils sont assez surpris qu'Ève soit « au courant » et eux-mêmes sont désemparés.

Une longue discussion s'engage pendant laquelle nous abordons la question des conditions de la conception d'Ève et de la situation politique en Bosnie. Le père semble rasséréné à l'idée de pouvoir, plus tard, parler à sa fille de la guerre et de l'histoire collective dont elle est issue. Cela lui paraît être un lien de filiation possible et vrai, plus humanisant que le seul refus de la mort. La mère a des préoccupations plus immédiates. Elle se demande si elle doit dire à son entourage, en particulier à ses parents, tout ce qu'elle sait concernant Ève. En a-t-elle envie ? Pas du tout. Ses parents lui demandent-ils quelque chose ? Non. Si Ève n'était pas adoptée, parlerait-elle à ses parents de la façon dont ils l'auraient conçue ? Bien sûr que non.

Pourquoi ? Parce que c'est intime. Il n'y a même pas plus intime.

Je pense que ces parents sont repartis plus confiants et dégagés d'un fardeau – tout dire ? tout de suite ? à tout le monde ? – qu'ils ne se sentaient de porter. Ils hésitaient à ne pas tenir compte de ce qu'ils avaient entendu dans le souci de bien faire qui tenaille tous les parents adoptifs.

Cette histoire a secoué toutes les personnes qui, de près ou de loin, en ont eu connaissance. Elle m'a aussi marquée personnellement pour différentes raisons.

En premier lieu, j'ai pu constater qu'à aucun moment Ève ne présentait le moindre symptôme physique ou psychique alors que les violences et les dysfonctionnements ne lui avaient pas été épargnés, même s'ils étaient reconnus et mis en mots. Pourquoi ? Je ne le sais pas.

D'une façon plus générale, le traumatisme, si grave qu'il paraisse, n'est pas en soi ce qui provoque les symptômes. À l'inverse, les symptômes ne sont pas à comprendre en fonction de la réalité du traumatisme. Cette règle ne me semble pas suffisamment prise en compte lorsqu'on s'occupe d'enfants, petits ou grands, victimes de violence. On pense habituellement que tous ces enfants devraient bénéficier d'une psychothérapie. Ce n'est pas vrai. L'indication d'une psychothérapie, *a fortiori* d'une analyse, ne peut être posée *a priori* dès qu'une personne a subi des violences physiques ou psychiques.

Il y a, me semble-t-il, une confusion entre la nécessité de pouvoir parler rapidement avec un professionnel des événements vécus, comme cela se fait de plus en plus après une catastrophe collective, tel un attentat ou un tremblement de terre, et l'indication ultérieure d'une psychanalyse. Avec les jeunes enfants, le raisonnement est le même : mettre des mots sur les événements réels et sur leurs conséquences est une chose, entreprendre de revivre le passé, tout le passé et pas seulement le traumatisme, grâce au transfert, en est une autre. Lors d'une émission de télévision consacrée à la maltraitance, on a pu voir et entendre de jeunes personnes dont les unes affirmaient qu'elles pouvaient surmonter leur épreuve grâce à la psychanalyse, tandis qu'un jeune garçon, assez en colère, disait que tout ça ne servait strictement à rien, qu'il avait déjà vu plusieurs personnes et qu'il était dégoûté. Ce jeune homme avait certainement raison, et j'ai été surprise qu'aucun professionnel présent sur le plateau ne lui dise qu'une psychothérapie ne convient pas forcément à tout le monde.

Pour revenir à Ève, j'ai aussi été assez touchée par le fait que le responsable du groupement se soit justifié en disant qu'il avait lu mon précédent livre. Je suis pourtant bien placée pour constater les effets pervers des lectures psychanalytiques… Je ne reviens pas sur l'idée que l'on peut tout dire à un enfant, mais pas n'importe comment, et pas n'importe qui ! Il ne faudrait pas que le jeune âge qui servait de prétexte à ne pas parler aux enfants – ils ne comprennent rien –

serve maintenant de prétexte à leur dire n'importe quoi – ils peuvent tout entendre.

Qu'est-ce qu'une parole vraie ? C'est une parole émise par une personne inscrite dans un cadre symbolique clair et qui s'approche au plus près de la vérité du sujet. Le cadre symbolique, c'est d'abord la position de la personne par rapport à l'enfant : père, mère, nourrice, instituteur, juge des enfants, référent de groupement, maternante, psychanalyste, etc. C'est aussi le lieu géographique : lorsqu'une personne parle, les mêmes mots ne produisent pas les mêmes effets selon qu'ils sont adressés à un ami au cours d'un dîner, à un juge dans un palais de justice, ou prononcés sur le divan d'un psychanalyste. Toutes les scènes ne sont pas équivalentes.

Le cadre symbolique a pour effet de *limiter* la parole : n'importe qui ne peut pas dire n'importe quoi dans n'importe quelle circonstance. La parole vraie est aussi limitée par sa portée. Elle ne s'adresse qu'à une seule personne : on ne peut toucher à la vérité de plusieurs sujets en même temps.

S'approcher au plus près de la vérité signifie que les mots et les gestes ne se contredisent pas. C'est à cette condition que les paroles auront cet *accent de vérité* que l'être humain décèle dès son plus jeune âge, alors même que la personne qui parle ne peut pas savoir si elle produit cet effet. L'accent de vérité tient, d'une part, à l'assentiment à ce qu'on dit et, d'autre part, au fait que l'on a consenti à être touchée par la parole d'un autre. Dans ces conditions, il est possible d'exprimer la vérité qui est en nous [1].

Dans le cadre d'une psychanalyse, on peut penser que l'interprétation est une « parole vraie ». Ce n'est pas toujours le cas. Lorsque le psychanalyste essaye de comprendre au lieu de ressentir, il n'est plus dans le vrai car la compréhension renforce le refus inconscient d'entendre. C'est quand il accepte de ressentir pour comprendre qu'il est dans la vérité. Quand le psychanalyste parle « vrai », il ne sait pas ce qu'il dit, il dit quelque chose qu'il ne savait pas qu'il savait.

Revenons à Ève. La question n'était pas de savoir s'il fallait ou non lui dire que sa mère avait été violée. Pourquoi ? Parce que la seule personne qui pouvait l'exprimer, c'était précisément cette femme et qu'elle l'avait fait.

Quel devait alors être le rôle de l'Aide sociale à l'enfance en la personne du responsable du groupement ? Tenir sa place symbolique. Quelle est cette place ? Le responsable du groupement s'occupe du dossier administratif de l'enfant et l'informe régulièrement de sa situation juridique, des conséquences qu'elle entraîne, de ce qui va lui arriver dans un futur proche et plus lointain. Il se situe davantage dans le registre de l'exactitude, de la logique de l'enchaînement des faits, grâce à laquelle l'enfant trouvera sa cohérence interne, que dans celui de la vérité. Il reçoit les futurs parents adoptifs lorsque ceux-ci ont été désignés et il leur remet l'ensemble des informations dont il dispose, sans les censurer et en respectant la loi. Point final.

Dans cette histoire, chacun s'est focalisé sur une seule information, insoutenable, et sur la question de savoir s'il fallait ou non « la dire ». Personne n'a réalisé qu'elle avait déjà été dite et par qui il fallait. L'angoisse du groupe s'est résolue dans un passage à l'acte rationalisé sous la forme « il faut tout dire aux enfants », lequel n'a même pas eu d'effet apaisant sur le personnel de la pouponnière trop habitué à ressentir les dysfonctionnements même s'il n'a pas été capable de les prévenir.

Personne ne s'est posé la question de savoir *qui* était intéressé par cette information : la mère de naissance, l'enfant, les futurs parents adoptifs. Tout le monde s'est senti concerné de façon abusive et sans se demander *pourquoi*. Tous ceux qui ont « papoté » autour des origines d'Ève sont sortis de leur rôle. Cela ne les concernait pas, ils auraient dû se taire. Peut-être l'auraient-ils fait s'ils avaient pu exprimer, dans le cadre d'une réunion plus ou moins formelle, ce que le fait de venir au monde après un viol déclenchait chez eux comme émotions ou comme fantasmes.

Les témoignages de compassion dont la mère de naissance a fait l'objet ne sont pas synonymes de respect de ses paroles. De fait, la mère a été « oubliée », et les futurs parents adoptifs aussi. Ce qui est bien dommage car les paroles que l'on dit à un enfant concernant ses origines valent plus par la rencontre de l'Autre, ici celui qui lui attribue un statut de Sujet, que par les informations qu'elles sont censées donner.

L'enfant saisie par le droit

> Votre devoir, c'est de faire valoir vos droits : voilà comment se résume la situation actuelle. Je crois que notre société occidentale est malade, car à force de vouloir être juste elle est tombée dans l'injustice.
>
> Françoise DOLTO

Depuis sa naissance, Clara n'a quasiment jamais quitté la pouponnière. Pourtant, je ne l'ai reçue que très récemment. Se portait-elle suffisamment bien pour que l'opportunité d'une consultation chez le psychanalyste n'ait pas été évoquée ? Pas du tout.

Clara a été prise dans un tel imbroglio juridique que ses symptômes, bien que parfaitement repérés, n'ont été pris en considération qu'en fonction de la réalité. Une solution était toujours sur le point de se concrétiser. Il était donc inutile de consulter puisque Clara allait, devait partir. Après deux ans et demi d'espoirs et de déceptions, rien n'est résolu : Clara est toujours là.

Son histoire est loin d'être exceptionnelle depuis la chute de Ceauşescu en Roumanie et le vote des lois Pasqua en France.

Ses parents sont tsiganes, d'origine roumaine. Au terme d'une grossesse non suivie, la mère a accouché dans la région parisienne. Dès le lendemain, elle quitte l'hôpital pour s'occuper de ses autres enfants et part sans laisser la moindre information – mais en a-t-elle eu l'occasion ? – et sans reconnaître son enfant. Au bout de quelques jours, les parents ne s'étant pas manifestés, Clara est immatriculée pupille provisoire, car non reconnue, et transférée à la pouponnière d'Antony.

Deux semaines plus tard, les parents se présentent à la pouponnière. Ils viennent chercher leur fille qu'entre-temps ils ont reconnue. Administrativement, ils sont en règle mais l'enfant ne leur est pas rendue. Les parents doivent attendre. Quoi ? Légalement rien, mais après leur disparition momentanée, il leur faut apporter la preuve qu'ils sont de « bons parents ». L'ASE, dans sa mission protectrice, veut avoir la garantie que l'enfant ne court pas de danger. Quinze jours s'écoulent lorsque Clara tombe malade et doit être hospitalisée. Au bout d'une semaine, ses parents la font sortir de l'hôpital et l'emmènent avec eux, en toute légalité. Ils ont apparemment fait leurs preuves.

Les choses auraient pu, auraient dû en rester là. Hélas, un mois plus tard, les parents doivent ramener Clara à l'hôpital car elle est de nouveau malade. L'hôpital est proche du terrain vague où sont stationnées les caravanes. Lors de la précédente hospitalisation, les parents pouvaient facilement rendre visite à leur fille et venaient régulièrement la voir. Cette fois, Clara est transférée dans un hôpital situé à l'autre bout de Paris, et les parents ne viennent plus. Sans nouvelles au bout de quatre semaines – *Clara a maintenant trois mois* –, l'hôpital contacte les parents. On apprend, lors d'un entretien téléphonique entre le service social et les parents, assistés d'un interprète, qu'ils doivent être expulsés de France deux jours plus tard. Or, selon les médecins, Clara n'est pas en état de sortir. Les parents répondent qu'ils « donnent l'enfant à l'hôpital ». L'interprète ne peut le supporter et intervient à titre personnel : il faut que les parents fassent les démarches nécessaires qui leur permettront d'attendre Clara. Puis, plus de nouvelles. L'assistante sociale apprend que les parents ont effectivement été expulsés à la date prévue. Ils n'ont pas pu ou pas souhaité, on ne sait pas, attendre Clara.

L'hôpital fait alors un signalement au procureur de la République qui saisit le juge des enfants, lequel confie Clara à l'Aide sociale à l'enfance. Clara retourne à la pouponnière d'Antony. Les parents étant absents et surtout injoignables, l'ASE demande et obtient la tutelle.

À partir de là, par l'intermédiaire de diverses associations et avec l'accord de l'ASE, une activité aussi intense que lente se développe entre la France et la Roumanie pour que Clara retrouve ses parents. Au bout d'un mois, l'ASE reçoit une lettre des parents demandant le rapatriement humanitaire de Clara. Elle met cinq mois pour diligenter une enquête sociale internationale dont le résultat lui est communiqué quatre mois plus tard. *Clara a maintenant un an.*

Au vu des éléments plutôt positifs qu'apporte l'enquête, l'ASE décide d'organiser le retour en Roumanie. Clara en est informée et manifeste sa joie, s'accordant à la joie de son entourage. Encore faut-il qu'elle ait des papiers, ce dont on aurait pu s'aviser plus tôt. Le consulat met deux mois à répondre. La délivrance du passeport est acceptée, mais l'ASE est informée que les parents ont quitté la Roumanie. Il n'y a plus personne pour accueillir Clara. Dans ces conditions, elle ne peut pas repartir. Le Comité de protection de l'enfant roumain est saisi. Le consulat ne donne plus signe de vie. *Clara a quinze mois.*

Six mois plus tard, devant l'impossibilité à faire progresser la situation et en l'absence de manifestation des parents, l'ASE dépose une requête d'article 350 [1], tout en sachant que toutes les conditions juridiques ne sont pas forcément réunies pour faire aboutir cette requête et permettre à Clara d'être adoptée.

Un an plus tard, la date d'audience est enfin fixée après avoir déjà été reportée deux fois sans aucune explication. Elle doit avoir lieu dans trois mois. *Clara a deux ans et demi*. Elle n'a pas d'avocat.

Pendant le premier entretien, Clara est restée assise immobile, les yeux baissés, tassée sur sa chaise, pas forcément indifférente : triste, très triste. La responsable qui s'occupe de son dossier depuis sa naissance se sent très impliquée. Elle a minutieusement tenu l'enfant au courant de toutes ses démarches. En me parlant, elle ponctue son récit « juridique » de réflexions concernant ses relations avec Clara. Depuis quelques mois, Clara ne veut plus la voir et hurle « je ne veux pas » quand on lui annonce sa visite. Avec beaucoup de tact, Mme B. n'impose pas sa présence. Elle lui téléphone régulièrement, envoie des cartes postales, de petits cadeaux. Seul lien de Clara avec l'extérieur, elle a entretenu l'espoir des retrouvailles, mais elle est aussi celle qui a annoncé la « mauvaise nouvelle » : les retrouvailles n'auront peut-être jamais lieu.

Après ce long récit, il restait peu de temps pour parler de Clara elle-même. J'ai retenu qu'elle a grandi en alternant des périodes de tristesse et d'activité, au gré de l'évolution de son dossier. Pendant un temps, elle ne voulait être ni lavée ni coiffée, et pleurait énormément. Elle disait souvent « papa, maman, partis » et se couchait systématiquement dans le lit d'un autre enfant. On était « pris dans un tourbillon », me dit la responsable d'unité, elle était collée à nous, c'est pour ça que nous ne sommes pas venues plus tôt.

En écoutant le déroulement de cette affaire, j'essayais en même temps d'imaginer ce que j'allais dire à Clara. Je repensais à une autre consultation, pas si lointaine, dont j'étais sortie totalement abattue parce que je n'avais pas su, pas pu trouver les mots à adresser à un enfant pour qu'il garde la fierté d'être en vie. Ce jour-là, je m'étais laissé accabler par la réalité des faits. À aucun moment, je n'avais pu ressentir que les parents de l'enfant que j'avais en face de moi avaient au moins fait une chose positive : mettre leur enfant vivant au monde. Je n'avais donc pas dit grand-chose. À peine l'enfant parti, je m'étais sentie déprimée et incompétente : à quoi sert de rencontrer un analyste si lui aussi se laisse submerger par la réalité des faits ?

Repenser à cette défaillance m'a aidée. Pour Clara, les mots sont venus sans effort. Devant cette enfant « saisie par le droit », il fallait ne pas tenir compte de la fausse clarté du juridique et énoncer une histoire toute simple : « Tu as un papa et une maman qui se sont aimés et tu es née de cet amour. Tes parents sont roumains, ils ne sont pas venus te chercher tout de suite, peut-être parce que c'est la coutume en Roumanie. Quand ils sont repartis dans leur pays, ils n'ont pas pu t'attendre : tu étais encore malade à l'hôpital et c'était impossible pour eux de rester plus longtemps car la France ne voulait plus d'eux. Ensuite, quand tu as pu partir les rejoindre, c'est eux qui n'étaient plus là, et on ne sait pas comment les retrouver. C'est une histoire très triste. » Clara m'a enfin regardée et, d'un commun accord, nous avons décidé de nous revoir.

Lors d'une première consultation, on amène l'enfant. À la séance suivante, l'enfant vient. Il s'agit d'un moment important, toujours un peu intimidant pour l'analyste et probablement aussi pour l'enfant, où se décide l'engagement de l'enfant dans la cure.

Dans la salle d'attente, Clara est en train de jouer. La maternante me dit qu'elle est « très contente » de venir. Dès qu'elle m'aperçoit, elle se rembrunit, prend la main de la maternante et vient dans mon bureau. Elle s'assied sur les genoux de cette femme et n'en bouge plus. Celle-ci m'apprend que Clara ne va pas bien. Elle n'est propre ni de jour ni de nuit, l'éducatrice ne s'en sort pas. Elle a peur de tout, elle est crispée, elle a de grands moments d'abattement.

Je m'adresse à Clara pour lui dire qu'elle a bien raison d'être comme ça, avec tous ces rendez-vous manqués qui font que probablement elle ne reverra pas ses parents de naissance. Je me demande en effet comment elle pourrait « aller bien » compte tenu de sa situation. Elle me regarde. Je ressens qu'elle accepte ce que je lui dis. Peut-être est-ce la première fois que l'éventualité de ne jamais retrouver ses parents de naissance lui est formulée clairement, alors que c'est ce que tout le monde pense depuis plusieurs mois.

Je lui propose de dessiner et de quitter les genoux de sa maternante. Elle veut bien dessiner mais sans se déplacer, ce qui témoigne de sa difficulté à se « défusionner » mais aussi de son envie d'entrer en relation avec moi. Elle prend un feutre rouge, hésite très longuement. Je comprends cette hésitation comme une crainte, voire une phobie de la relation, si fréquente chez les enfants qui, pour diverses raisons, sont des « déçus de la relation ». Je ne dis rien, ne voulant en aucune façon la séduire. Je ne la regarde pas spécialement, pour ne pas qu'elle se sente « observée », mais je suis présente et attentive à ce qu'elle est, sans rien attendre de particulier. Elle change de feutre, hésite encore. Avec le feutre bleu, elle se lance enfin et se met à rire franchement quand, dépassant les limites de la feuille, elle crayonne sur la table. Je lui énonce, en riant aussi, la règle qui est de ne pas dépasser les limites de la feuille et qu'elle connaît parfaitement puisque c'est la transgression qui la fait rire. En prenant le feutre noir, elle demande : « C'est qui ? » et j'apprends qu'avec leur éducatrice, les enfants reconnaissent leurs affaires grâce à une couleur qui leur est attribuée. Le rose est « sa » couleur. Elle expérimentera huit couleurs différentes, rose compris, sans lui donner une importance particulière.

Je note pour les personnes qui assistent à ma consultation qu'il est tout à fait banal dans les écoles maternelles de mettre le dessin d'un animal ou bien une couleur sur les portemanteaux des enfants qui ne savent pas encore lire. Nous constatons que Clara s'identifie complètement à ce symbole. Le rose n'est pas seulement sa couleur. C'est elle. Une participante pense qu'il vaudrait mieux mettre la photo d'identité des enfants et écrire leur nom même s'ils ne savent pas encore lire.

La maternante reprend la parole pour dire que Clara parle beaucoup de « papa et maman ». Pas ceux de naissance, les parents « d'après », a précisé Clara lors d'une longue conversation qu'elles ont eue récemment ensemble.

Je dis à Clara que c'est la loi qui décidera si elle sera ou non adoptable. Sa référente lui dira bientôt ce que la loi a décidé mais ce n'est pas elle qui décide. Clara continue de dessiner sans dire un mot jusqu'à la fin de la séance. Je lui propose un autre rendez-vous, qu'elle accepte.

Avant de connaître Clara, j'avais déjà rencontré d'autres enfants roumains également placés en pouponnière. Du temps de Ceauşescu, l'avortement était interdit et les parents encouragés à laisser leurs enfants dans les orphelinats où ils étaient plutôt moins bien traités que des animaux domestiques. Est-ce pour cette raison que les tsiganes laissent parfois leurs enfants à la maternité, où ils ont plus chaud en hiver et moins chaud en été que dans les roulottes, et où ils sont bien nourris ? Certains parents viennent chercher l'enfant juste avant les trois mois fatidiques, ce qui indique qu'ils connaissent la loi française. D'autres ne viennent pas et, au bout de trois mois, l'enfant est adoptable. Le cas de Clara s'est compliqué du fait des va-et-vient, puis de l'expulsion des parents. Les parents savaient-ils ce qu'ils voulaient, la reprendre ou pas ? Ont-ils pu le dire ou se donner les moyens de faire ce qu'ils souhaitaient ? Ont-ils subi des pressions ? Je ne connais pas la réponse. S'ils n'ont pas été très clairs, il est aussi difficile d'affirmer qu'il n'y a pas d'ambiguïtés dans la façon dont Clara a été « gardée », même si tout, apparemment, a été mis en œuvre pour qu'elle soit rendue à ses parents.

Cette ambiguïté n'est pas seulement liée au fait qu'une fois prise dans l'engrenage de l'ASE, il est difficile pour une famille d'en sortir. Quand les parents sont de nationalité étrangère, qui plus est en situation irrégulière ou coupables d'un délit passible d'une peine de prison égale ou supérieure à cinq ans, ce qui entraîne l'expulsion dès la peine purgée, j'ai eu l'occasion de constater un double mouvement qui est schématiquement le suivant. Dans un premier temps, il faut essayer de rendre le plus vite possible l'enfant à ses parents : que ceux-ci se débrouillent. Si cela n'est pas possible, tout est fait, dans un second temps, mais sans jamais le dire vraiment, pour que l'enfant devienne adoptable. N'est-ce pas l'intérêt de l'enfant de trouver une « bonne » famille au regard de la vie d'errance et d'incertitude qui l'attend dans sa famille biologique dont la situation est si précaire ? J'ai vu récemment un conseil de famille prendre la décision de ne pas autoriser la poursuite des liens entre une grand-mère et son petit-fils de quelques mois, placé à la pouponnière, qu'elle venait voir très régulièrement. Le motif avancé ? « La situation particulière (ce qui veut dire irrégulière) de celle-ci (la grand-mère) peut remettre en question à tout moment le lien (en cas d'expulsion). » Et le conseil d'ajouter : « Il semble donc dans l'intérêt du petit garçon de bénéficier d'un projet à long terme en vivant dans une famille adoptive qui lui apportera sécurité, chaleur affective et soutien à long terme. » Une façon comme une autre d'aider les immigrés clandestins : quittez le pays mais laissez-nous vos enfants, nous les ferons adopter, dans leur intérêt bien sûr !

En tant que « spécialiste de l'enfant », il est grand temps d'affirmer haut et fort qu'on ne sait absolument pas ce qu'est l'intérêt de l'enfant que l'on a tenté de fonder sur une définition scientifique à laquelle on a voulu donner une traduction législative. Quand on donne son opinion ou quand on légifère, on parle toujours *à la place de l'enfant*, en fonction de connaissances, de valeurs et de repères changeants. Les décisions vont pratiquement toujours dans le même sens : celui de la conformité à la norme sociale dominante. Les parents adoptifs appartiennent en grande majorité à la bourgeoisie. Ils ne sont pas considérés *a priori* comme des parents « à risque », alors que les familles défavorisées, migrantes et en situation irrégulière le sont.

Clara a grandi de façon presque caricaturale, au rythme de décisions juridiques mettant en jeu son avenir : la reconnaissance de sa filiation, la remise aux parents, leur expulsion, la délivrance d'un passeport, les résultats de l'enquête de police, l'article 350. L'hospitalisation a été successivement une occasion de retrouvailles et de rupture, définitive.

Rétrospectivement, il apparaît que le transfert de Clara – dont je ne connais pas la raison, mais elle ne devait pas être d'ordre médical car le premier hôpital était un centre hospitalier universitaire très bien équipé – dans un hôpital inaccessible aux parents était extrêmement risqué pour le maintien d'une relation parents-enfant déjà fragilisée par la situation des parents en France. Ce transfert, à une période critique pour les parents qui étaient en voie d'expulsion, a eu pour conséquence l'abandon de Clara. À ce moment-là, il était difficile d'imaginer que c'était leur souhait puisqu'ils l'avaient reconnue et avaient tout fait pour la reprendre.

Est-il exorbitant qu'un service hospitalier prenne en compte l'enfant, non comme un symptôme corporel isolé, mais dans sa totalité, c'est-à-dire avec ses parents et en tenant compte du contexte social ? La décision du transfert a été prise sans l'accord des parents, comme si les familles étaient à la disposition des services hospitaliers et non l'inverse.

Les diverses enquêtes et la paperasserie ont entretenu Clara pendant quinze mois dans l'unique espoir de retrouver des parents avec qui elle avait, en tout et pour tout, passé un mois. Elle a attendu un an de plus pour que son dossier relatif aux conditions d'adoptabilité soit simplement examiné. Quel sens peut-elle trouver à tout cela ? Le chaos de son développement n'est pas uniquement le reflet de la situation de ses parents, ou de son environnement quotidien, lequel est, au contraire, structurant. C'est celui d'une société qui transforme la protection qu'elle octroie en abus de pouvoir.

Il est grand temps que ceux qui pratiquent la justice et la police prennent conscience – quelles que soient les difficultés matérielles, que je sais immenses – que les délais qu'ils font subir aux enfants sont de véritables violences.

Si ces enfants avaient la possibilité, plus tard, de porter plainte auprès de la Cour européenne des droits de l'homme pour délai de justice leur portant préjudice, ce qui n'est possible actuellement que pour le procès pénal et la détention provisoire, l'État perdrait probablement tous ses procès. On assiste, dans le même temps, à une inflation sans précédent des droits de l'enfant *et* au non-respect par la justice de ce qui compte le plus pour un enfant : le respect de la parole dans des délais raisonnables.

Le cas de Clara montre aussi la dissymétrie entre les jugements moraux portés sur les parents et ceux appliqués aux travailleurs sociaux quand ils ne respectent pas leurs engagements : jugements toujours rigoureux envers les premiers, toujours indulgents lorsqu'il s'agit des seconds.

Des parents en situation irrégulière, qui ne peuvent traverser tout Paris pour rendre visite à leur fille, sont « réquisitionnés » au bout de quinze jours. Mais lorsque l'ASE met cinq mois à diligenter une enquête, il ne se passe rien. À la pouponnière, quand des parents annoncent leur visite et ne viennent pas sans prévenir, l'enfant souffre et le personnel de la pouponnière, tout en cherchant à comprendre et même à excuser, désapprouve une conduite aussi destructrice, surtout quand elle est répétitive. Mais combien de fois m'a-t-on rapporté que telle responsable de groupement qui devait tenir un enfant au courant de sa situation n'était pas venue, n'avait pas prévenu et n'avait fixé aucun autre rendez-vous, que tel juge avait reporté plusieurs fois une audience engageant l'avenir de l'enfant, qu'une assistante sociale n'avait pas eu le temps de faire une démarche dont l'enfant attendait le résultat depuis des mois. De parents qui ne viennent pas ou pas assez, on dit qu'ils ne remplissent pas leurs devoirs. Des travailleurs sociaux, on dit simplement qu'ils ont trop de travail.

De mon point de vue, la réalité est tout autre. Quand les parents disent qu'ils vont venir, ils sont la plupart du temps persuadés qu'ils vont tenir leur engagement. Et puis ils n'y arrivent pas, parce que ces visites sont de véritables épreuves pour eux. Ils ne savent pas quoi faire avec l'enfant, ils se sentent jugés, les pleurs sont des reproches, chaque visite se termine par une nouvelle séparation. Quand les travailleurs sociaux ne tiennent pas leurs engagements, c'est une faute professionnelle. Cela n'est jamais dit.

Un des rôles de la justice est d'opérer la discrimination fondamentale pour toute société entre la violence légitime – la privation de liberté – et la violence destructrice – celle qui conduit en prison [2]. Les enfants maltraités, peut-être plus que tous les autres, ont besoin que la norme soit énoncée clairement, car la frontière est floue lorsque la violence est exercée par les personnes qu'ils aiment le plus et qui ont autorité sur eux. Quand la justice devient elle-même une source de violence destructrice en ne tenant pas ses engagements professionnels vis-à-vis de l'enfant et, notamment, en le maintenant en attente de lien, alors que plus rien ne justifie légalement cette attente, elle entérine une victimisation sans remède, car au-delà de la justice, il n'y a plus de recours. Qui dira à l'enfant que la justice peut être injuste ?

Tous les enfants de la pouponnière sont concernés, d'une manière ou d'une autre, par le juridique. Françoise Dolto avait constaté qu'ils y étaient sensibles au point de faire de violents accès de fièvre le jour de la réunion du conseil de famille ou lorsque leurs parents signaient un acte d'abandon ou un acte de reconnaissance, même à l'insu du personnel de la pouponnière. L'habitude a été prise de tenir les enfants au courant, quel que soit leur âge, des décisions juridiques les concernant ou concernant leurs parents. L'annonce de cette décision a toujours un effet quasi immédiat de soulagement sur l'enfant, même si rien ne change dans la réalité. Si l'on veut bien admettre que les enfants comprennent ce qu'on leur dit, il n'y a pas lieu de s'étonner d'une telle réaction, puisque le registre de la justice, c'est précisément la parole.

Si les enfants de la pouponnière sont particulièrement concernés par des décisions d'ordre juridique qui les situent symboliquement dans leur filiation et/ou orientent leur vie, les autres enfants le sont aussi de plus en plus. L'inflation du juridique dans les pays démocratiques n'épargne pas la vie familiale et, plus particulièrement, les relations entre parents et enfants.

La suspicion qui pèse sur les parents, dont j'ai tenté de montrer comment elle se manifeste aujourd'hui via les travailleurs sociaux, a une traduction juridique précise. Celle-ci va de la puissance paternelle à la Convention internationale des droits de l'enfant. Je me contenterai ici de tracer les grandes lignes de cette évolution qui nous concerne tous.

Abolie par les révolutionnaires en 1793, la puissance paternelle est rétablie par le Code civil de 1804 sous le nom d'autorité paternelle. Le pouvoir du père, qui est « omniscient, tout-puissant et toute bonté », s'étend à ses enfants, à son épouse et à ses biens. À partir de cette date, on peut observer une altération progressive de cette autorité par la multiplication des contrôles judiciaires et administratifs auxquels son exercice donne lieu. Les plus marquants sont, en 1889, l'introduction de la déchéance paternelle, la création en 1912 des tribunaux pour enfants avec généralisation de l'enquête sociale, laquelle permet la surveillance des familles suspectes, l'abolition en 1935 du droit de « correction paternelle » et la création de l'Assistance éducative, la disparition en 1970 du terme de « puissance paternelle » remplacé par celui d'« autorité parentale » et, en 1989, l'adoption par l'ONU de la Convention sur les droits de l'enfant.

Selon Françoise Hurstel, l'accroissement du contrôle sur les familles s'est accompagné de deux phénomènes dont nous mesurons aujourd'hui l'ampleur : la distinction entre le « bon » et le « mauvais » père et l'introduction de « spécialistes [3] ».

Les mauvais pères, les voici : « Le mauvais père est généralement l'homme pauvre, démuni, l'ouvrier ou le petit artisan parqué, déjà à la fin du XIXe siècle, dans des appartements trop étroits, l'ivrogne qui se soûle au cabaret et ne rentre chez lui que pour dormir et défouler un trop-plein de violence sur sa femme et ses enfants. C'est aussi l'homme dénué d'éducation qui ne sait, par son exemple, inculquer les valeurs morales et sociales à sa progéniture, le père du futur vagabond et délinquant [4]. » C'est pour eux qu'en 1889 la justice s'arroge le droit de déchoir de leurs droits les pères et, actuellement, les mères reconnus indignes [5].

Selon Françoise Hurstel, « cette loi peut être considérée comme l'acte de naissance légal du "mauvais" père ou comme l'acte de reconnaissance que tous les pères ne sont pas bons, grands et justes [6] ». On reconnaît officiellement qu'ils peuvent être faillibles, méchants et ignorants.

Les spécialistes vont s'arroger chacun une partie des anciens attributs paternels et jeter la suspicion sur tous les pères en engendrant la notion de père « absent », laquelle sera changée au XXe siècle pour celle de père « carent ».

Les mauvaises mères, elles, existent depuis la fin du XVIIIe siècle où l'amour maternel est exalté « comme une valeur à la fois naturelle et sociale, favorable à l'espèce et à la société [7] ». Tout au long du XIXe siècle, et les choses ne se sont pas arrangées depuis..., on jette l'anathème sur les mauvaises mères qui appartiennent à tous les milieux sociaux, qu'elles soient absentes, incapables ou indignes.

La femme est élevée à la dignité de mère à part entière avec l'apparition, en 1970, de « l'autorité parentale » qui égalise les statuts parentaux entre les deux sexes [8]. En 1975, elle obtient les moyens légaux de maîtriser sa fécondité grâce au vote de la loi Veil qui autorise l'interruption volontaire de grossesse. On observe alors, sans qu'il y ait le moindre rapport de cause à effet, que ce ne sont plus certaines mères qui sont déclarées mauvaises, mais toutes les mères qui deviennent suspectes.

Rétrospectivement, la loi de 1970 paraît préfigurer la Convention internationale des droits de l'enfant en initiant un positionnement à l'intérieur de la famille qui place l'enfant au centre, les parents en face et, entre les deux, les spécialistes juridiques garants de l'intérêt de l'enfant. Les bases de la judiciarisation des rapports parents-enfant sont ainsi posées non plus en termes de protection mais en termes d'affrontement : on suppose acquis que le respect des besoins fondamentaux de l'enfant et la solution des conflits familiaux relèvent du juridique.

Tandis qu'en 1804 le père était quasiment tout-puissant [9] et que le droit des enfants et des femmes se réduisait à un ensemble de devoirs et d'obligations, la convention de 1989 comporte cinquante-quatre articles qui énumèrent la liste incantatoire des droits de l'enfant, lequel n'a plus aucun devoir [10] !

Les lois successives visant à protéger l'enfant ôtent progressivement du pouvoir aux parents comme si « les abus dont sont victimes certains enfants n'étaient pas le signe des détournements ou des défaillances de la protection mais le signe que c'est la protection elle-même, en tant qu'elle légitime finalement la domination, qui est intrinsèquement un abus de pouvoir [11] ». On reconnaît là l'un des axes majeurs qui a présidé à l'élaboration de la Convention, axe qui ne va absolument pas de soi puisqu'il s'agit de penser l'enfance comme une minorité et de lui accorder non pas une protection légale, laquelle existait déjà, mais de « nouveaux droits ».

Alain Finkielkraut a critiqué cette notion de minorité appliquée à l'enfant. « On ne peut en aucune façon, écrit-il, comparer la situation des femmes, des colonisés et des travailleurs à celle des enfants sauf à tomber dans cette absurdité ontologique qui est le soubassement philosophique même de la Convention, ou du moins une de ses interprétations possibles. Selon quoi l'enfance est un être ? Un patron devient très rarement un ouvrier, un ouvrier rarement un patron et en tout cas, il n'arrive pas qu'un Noir devienne Blanc, ni une femme un homme. En revanche, il se trouve que tous les enfants, si on respecte leur droit à la vie, deviennent des hommes. C'est une différence fondamentale. Il ne s'agit pas de les libérer de la tutelle des adultes puisqu'ils vont devenir adultes [12]. »

Si l'on veut bien considérer que l'enfance n'est pas une minorité exploitée qu'il faudrait émanciper de l'autorité parentale, nous devons nous rendre à l'évidence que le soupçon systématique porté sur les parents implique une telle vision. Il remet en cause le principe du respect de la vie privée et, surtout, celui selon lequel la justice ne contrôle pas l'exercice de l'autorité parentale à moins qu'elle n'ait de bonnes raisons de le faire. Penser que tout parent est potentiellement maltraitant légitime un contrôle étatique accru sur la vie familiale auquel aucune limite n'est plus posée. Or quand il n'y a pas de limite, il y a des abus. Ceux-ci, jusqu'à présent, ont été fort bien tolérés. Les campagnes nationales de prévention de la maltraitance par l'affichage – « Merci de vous mêler de ce qui ne vous regarde pas » – et l'indication d'un numéro vert encouragent et légalisent la dénonciation des parents par leurs enfants ou par d'autres adultes, même anonymement. Curieusement, elles ne s'adressent jamais aux parents. Imagine-t-on une campagne de prévention contre l'alcoolisme qui ne s'adresserait pas à ceux qui boivent ? Certains peuvent penser, devant l'ampleur supposée du problème, que le respect de la vie privée vaut la peine d'être écorné pour sauver des enfants. Le constat est tout autre : la très grande majorité des cas signalés par le numéro vert sont déjà connus des services sociaux.

Je sais que certains mènent de façon continue une réflexion éthique pour définir un cadre légal afin que les enfants victimes de sévices dans leur famille puissent se confier à des professionnels susceptibles d'agir pour les protéger. Je sais que différentes institutions ont pris conscience de l'éviction des parents et tentent d'instituer des lieux de parole où ceux-ci puissent prendre leur place. Mais comment admettre que dans certaines écoles, à l'insu des parents et des enfants, des psychologues, qui ne se présentent pas comme tels, viennent observer les enfants d'une classe pour tenter de déceler ceux qui vivraient dans un « climat incestueux » ? De quel droit soumet-on ailleurs, sans discrimination, des enfants à des « entretiens de dévoilement » en leur présentant des poupées sexuées sur lesquelles ils doivent dire et montrer ce qu'on leur a fait ?

Les personnes qui ont ce genre de pratique croient – en toute bonne foi ? – qu'elles y sont autorisées au nom de leur mission : la « protection » de l'enfant. Il serait temps de dire qu'elles ne le sont pas. Si la fonction parentale comme position d'autorité leur paraît dangereuse, la disqualification de la fonction parentale par l'intrusion illégitime dans la vie d'autrui et par des pratiques qui sont, elles aussi, des abus de pouvoir, l'est encore plus.

Est-ce que les nouveaux droits de l'enfant permettent, dans la réalité, une meilleure prévention et une meilleure sanction des cas où la protection des parents devient abus de pouvoir ? Je ne le crois pas. De façon détournée, mais plus pernicieuse, je pense, comme Irène Théry, que « les nouveaux "droits de l'enfant" viennent entériner la dissolution de la responsabilité dans la culpabilité et l'incapacité de la société à penser les droits et les devoirs de l'individu privé selon des principes et non des modèles. Est-ce vraiment respecter l'enfant que de faire de lui "la référence mythique qui tutélarise des adultes infantilisés" ? [13] »

L'enfant victime

> L'intérêt de l'enfant, c'est la notion magique.
>
> Elle a beau être dans la loi, ce qui n'y est pas c'est l'abus qu'on en fait aujourd'hui.
>
> À la limite, elle finirait par rendre superflues toutes les institutions du droit familial.
>
> Jean CARBONNIER

La cure de Boris a commencé quand il avait un an. Il est entré à la pouponnière à l'âge de sept mois à la suite de « mauvais traitements », après trois mois à l'hôpital où des sévices corporels ont été diagnostiqués. Le juge pour enfants a prononcé une ordonnance de placement provisoire. Les parents ont été inculpés, jugés, puis condamnés.

Le motif de la première consultation avec Boris était étrange. Boris se tapait fortement la tête contre les murs ou, assis par terre, jambes écartées, en se balançant en avant. Son crâne, absolument chauve, et son front étaient couverts de bosses bleuâtres plus ou moins volumineuses. Le personnel de la pouponnière était sensible à la souffrance que Boris exprimait en se tapant mais qu'il ne paraissait pas ressentir, car il ne pleurait jamais. On craignait qu'il ne se fracture le crâne. Boris m'avait fait une démonstration impressionnante lors de notre première rencontre en se tapant violemment la tête contre le pied d'une table pendant une bonne demi-heure.

Boris avait commencé de se frapper la tête peu après son arrivée à la pouponnière, lors des visites de sa mère, mais celle-ci n'avait pas l'exclusivité de ce comportement.

Ces « balancements » ne ressemblaient pas à ceux que l'on observait autrefois, et plus rarement aujourd'hui, chez les enfants atteints d'hospitalisme, c'est-à-dire de carence affective profonde. Pour Boris, se taper la tête était une forme de communication – en cas de carence, c'est plutôt une forme de repli –, pas la seule d'ailleurs. Les maternantes avaient très bien remarqué qu'il se frappait pour solliciter leur attention, avec effet garanti, ou à la moindre contrariété.

Pendant les quatre premiers mois de la cure, le comportement de Boris n'avait absolument pas changé, ni à la pouponnière ni pendant les séances. J'avais considéré comme une étape importante le moment où, s'étant une fois de plus tapé la tête très violemment, il s'était pour la première fois mis à pleurer, reconnaissant enfin qu'il se faisait mal. Il avait fugitivement accepté de ne pas annuler ce qu'il ressentait, il avait pris le risque d'en être atteint. Mais il avait été très en colère que je lui propose d'aller dans les bras de sa maternante se faire consoler et il avait continué à se taper, encore plus fort. Ma réponse, purement factuelle, banale, ne tenant compte ni du risque qu'il avait pris ni du sens de son symptôme que je ne comprenais pas, avait été inadéquate. La pédiatre avait décidé de lui commander un casque de protection, objet coûteux, long à réaliser, symbole de notre incompréhension et de la volonté de la pouponnière de le protéger physiquement.

J'avais, bien sûr, quelques renseignements sur ses parents et son histoire. Tout ce que j'avais pu lui restituer, concernant les premiers mois de sa vie dans sa famille, la première séparation lors de son hospitalisation à l'âge de quatre mois dont je savais en réalité peu de choses, était resté sans effet. Ni le père ni la mère n'étaient venus aux rendez-vous que je leur avais proposés à plusieurs reprises.

C'est pourtant grâce à la mère que j'ai commencé à appréhender ce qui se passait. Un jour, cette femme m'a téléphoné. Dans ce cas, surtout après plusieurs rendez-vous manqués, je réponds immédiatement en prenant mon temps, car l'appel est souvent unique.

La mère m'a raconté précipitamment sa grossesse sous les coups de son mari, alors même que le couple désirait cet enfant. Elle a surtout insisté sur cette scène répétitive où le père prenait Boris par les pieds et *le balançait violemment* en menaçant sa femme de le tuer si « elle ne changeait pas ». Elle m'a dit aussi que Boris n'avait, depuis sa conception, vécu que dans la peur, les cris, la violence. Depuis son arrivée à la pouponnière, elle l'avait sorti deux week-ends, week-ends abominables parce qu'il se frappait sans arrêt. « Je ne peux pas prendre le risque qu'il lui arrive quelque chose. Je préfère qu'il soit adopté. La pouponnière, c'est pareil, il est pas heureux, il lui faut une vie calme. J'ai jamais fait de mal à mon enfant », a-t-elle conclu.

J'ai chaleureusement remercié cette femme d'avoir bien voulu me parler. Elle m'a accordé l'autorisation de continuer à recevoir son fils et n'a plus jamais cherché à me contacter. Elle n'a pas non plus été au bout de son intention de faire adopter Boris, le père s'y opposant formellement.

Le rendez-vous qui a suivi cet appel a été la première séance clé de l'analyse de Boris. Il avait quatorze mois. Je lui ai fait part de l'appel de sa mère et lui ai rapporté ce qu'elle m'avait dit : les coups reçus avant même qu'il ne soit né ; la scène, les scènes où son père le prenait par les pieds et le balançait en faisant du chantage à sa mère. Il m'a écouté avec beaucoup d'attention et, quand j'ai terminé en lui disant : « Je comprends que tu croies que pour demander quelque chose il faille se balancer et se taper puisque c'est comme ça que ton père demandait ce qu'il voulait à ta mère », il s'est illuminé et m'a fait un grand sourire que j'ai interprété intérieurement comme : « Tu as enfin compris. »

Depuis cette séance, Boris a changé. Il se cogne moins, sauf quand il est très en colère et, surtout, il prend bien soin de ne plus se blesser. Il pleure davantage, en particulier quand il se fait mal, et il accepte d'être consolé. Le casque de protection est arrivé, mais il n'a pas été nécessaire de le lui faire porter. Sa tête a repris une forme normale, ses cheveux ont poussé. Il s'attaque aux garçons et aux filles de son âge en les tapant sur la tête ! Il devient séducteur et très séduisant. Il a moins peur et fait moins peur. Il vit au rythme, plus ou moins régulier, des visites de ses parents qui suscitent toujours beaucoup d'émotion. Il attend un placement en famille d'accueil. Le père est d'accord, mais pas la mère. Comme elle n'a pas d'autre solution à proposer et que le retour en famille ne paraît pas possible, il est probable que son désaccord ne sera pas pris en compte. Il est difficile de dire si la mère a conscience de l'influence qu'aura son refus sur le confort psychologique de Boris dans sa famille d'accueil. Pour que le placement puisse constituer une bonne solution, il est indispensable que les parents soient d'accord et le fassent savoir à l'enfant.

La plupart des enfants victimes de sévices intrafamiliaux présentent des symptômes répétitifs : troubles somatiques, pulmonaires, cutanés, urogénitaux rebelles à tout traitement sur le long terme, pour ne citer que ceux que j'observe le plus fréquemment, ou encore mutilations volontaires ou accidentelles qui paraissent incompréhensibles.

Une fois n'est pas coutume, ce sont des adultes que j'ai suivis en analyse qui m'ont aidée à mieux comprendre les enfants maltraités d'aujourd'hui. Souffrant eux aussi de troubles récalcitrants mettant leur santé gravement en péril, certains ont réalisé, non sans difficulté, qu'ils avaient été des enfants violentés. Ceux qui sont nés pendant ou avant la guerre ont eu quelques difficultés à démêler ce qui relevait des horreurs de la guerre et de la maltraitance les visant personnellement. Ne pouvant, par discrétion, les citer nommément, je tiens à rendre hommage à leur courage et à l'immense travail qu'ils (et elles) ont accompli. Certains romanciers – je pense en particulier à Michel Del Castillo et à Georges-Arthur Goldschmidt – ont parfaitement décrit l'immense confusion qui régnait dans les années 1940-1945.

Petites ou grandes, ces personnes souffrent de ce que j'appelle le « négationnisme familial ». Les sévices ne sont ni refoulés ni oubliés. En cours d'analyse, les patients s'en souviennent assez facilement mais ils n'en font pas grand cas, ce qui est assez surprenant au premier abord surtout lorsque les faits sont terrifiants. Tout se passe comme si ces traumatismes n'avaient jamais existé en tant que tels, c'est-à-dire en tant que violence injustifiable de la part des parents. Ils ne peuvent faire l'objet du moindre jugement, ils deviennent comme « interdits de mémoire », bien qu'ils soient présents. Ils ne peuvent être pensés pour ce qu'ils ont été.

L'histoire officielle, celle que racontent les parents, l'entourage et le patient lui-même, est une histoire révisée : celle d'une enfance heureuse, protégée, avec des parents dévoués, attentifs, etc. On pourrait dire que toutes les histoires familiales que racontent les patients sont des histoires « révisées », reconstruites. Le travail analytique va leur permettre, entre autres choses, une lecture différente. Toutefois, il m'a semblé que lorsque l'enfant a subi des atteintes corporelles, les effets de cette révision sont assez spécifiques.

À l'époque des faits et aussi plus tard, l'enfant, qu'il le veuille ou non, est contraint d'adhérer à l'histoire officielle car l'autre histoire, il est le seul à la connaître et ne peut la partager avec quiconque. S'il arrive à trouver les mots pour dire ce qui se passe ou pour se plaindre, personne n'est là pour l'écouter, encore moins pour le croire. Si, « officiellement », il ne s'est rien passé ou si les choses qui se sont passées ne sont pas reconnues pour ce qu'elles sont, les symptômes corporels dont souffrent ces personnes sont le signe de leur résistance au négationnisme. Ils disent inlassablement ce qu'il est interdit de dire. Ils disent, sans employer de mots : « Je me souviens. » Assujettis à l'histoire officielle, culpabilisés dès qu'ils tentent de lever le voile, notamment en analyse, par le sentiment d'avoir « collaboré » en ne disant rien – alors que, dans la réalité, ils n'avaient aucune autre possibilité en raison de la collaboration, effective celle-là, de tout l'entourage et des institutions –, ils n'ont pour se souvenir que leur chair. Leurs maladies ont une origine éthique. Elles démentent la prétendue malléabilité que l'on attribue aux enfants et montrent, au contraire, la force de leur résistance aux déviations qu'on voudrait leur imposer [1].

On comprend à quel point il est illusoire, voire dangereux, de s'acharner à vouloir faire disparaître ces symptômes en les traitant uniquement par des médicaments, voire par des interventions chirurgicales. Ils sont le signe même que le Sujet reste vivant, qu'il n'oublie pas. Car le drame de ces personnes est précisément de ne pouvoir oublier. Seuls acteurs, seuls témoins de la violence subie, elles n'ont d'autre recours que de témoigner et de témoigner encore, pour que la vérité éclate enfin.

On me fait parfois le reproche de trop parler aux enfants, de leur dire des choses supposées insupportables, de les empêcher d'oublier. C'est tout le contraire : on ne peut oublier que ce que l'on a su. Autrement, l'être humain s'oblige à se souvenir en permanence de ce qui est resté énigmatique et surtout mensonger : cette mémoire-là est une douleur, car elle est innommable.

Si la reconnaissance de la maltraitance intrafamiliale par des personnes extérieures est aujourd'hui plus répandue que dans les années quarante ou cinquante, elle ne permet pas toujours d'éviter ce genre de situation. Les enfants que je reçois sont, en principe, dans une situation différente des adultes dont la maltraitance, physique ou psychique, n'a jamais été reconnue et qui vivent sous l'emprise d'une histoire révisée. Les parents sont désignés comme coupables et sanctionnés tandis que les enfants sont désignés comme victimes et séparés de leurs parents si leur protection est à ce prix. Cela ne suffit pas toujours, car on parle à la place de l'enfant et à la place des parents. Boris, par exemple, n'était pas entretenu dans l'idée que ses parents étaient des parents modèles. Il savait qu'il était à la pouponnière parce que ceux-ci ne pouvaient s'empêcher de le « tabasser ». Mais cette histoire-là n'était pas non plus la sienne, ni celle de ses parents qui continuaient inlassablement d'affirmer qu'ils n'avaient rien fait de mal. Face à chaque enfant présentant des symptômes répétitifs, je me pose maintenant cette question : « Où est le mensonge, quelle vérité veut-il faire éclater ? », car l'enfant ou l'adulte qu'il est devenu a quelque chose à dire, lui-même, sur ce qui s'est passé.

Certains enfants adoptés qui ont passé quelques mois ou quelques années de leur vie à la pouponnière demandent parfois à revenir me voir. Les plus âgés ont maintenant une dizaine d'années. Avec eux, j'ai réalisé que je pouvais participer, moi aussi, dans une certaine mesure, à la « révision » de leur histoire, en considérant *a priori*, et en le leur disant parfois, que leur séjour à la pouponnière avait été bénéfique pour eux. Ces enfants m'ont appris que ce n'était pas ce qu'ils pensaient et qu'il fallait cesser de les entretenir dans ce qui était pour eux un mensonge.

D'autres chercheurs, par des voies différentes, plus scientifiques, sont arrivés à des constatations cliniques similaires. Leurs hypothèses explicatives diffèrent parfois sans être d'ailleurs forcément contradictoires. Une étude fort intéressante faite par un médecin généraliste, le docteur Jacqueline Cornet, démontre qu'il existe un lien statistiquement très significatif, chez les jeunes de dix-huit à trente-cinq ans, entre la fréquence et la gravité des accidents qui leur arrivent et la force, la fréquence et la durée des coups qu'ils ont reçus dans leur enfance [2]. Selon l'auteur, il existe une relation directe de cause à effet entre les coups et les accidents. Jacqueline Cornet montre également que, dans le groupe des trois cents accidentés ayant rempli son questionnaire, lequel comprenait cent deux questions et trois cent quarante-neuf critères, il existe deux sous-groupes : les « peu malades » et les « assez malades » victimes aussi d'affections sérieuses ou graves : asthmes vrais, maladies infectieuses graves ou compliquées, diabètes insulinodépendants, cancers. L'étude statistique fait apparaître que les plus malades sont aussi les plus accidentés. Ceux-ci ont également la particularité d'avoir été majoritairement, et de façon significative, battus au-delà de quinze ans. Deux autres facteurs de l'arsenal coercitif familial ont été envisagés par l'auteur : la dictature exercée par l'un ou par les deux parents et les injures dévalorisantes qu'ils ont proférées envers les enfants. La fréquence des accidents reste basse lorsque la dictature et les injures n'étaient pas associées aux coups ; elle est nettement plus haute lorsque les coups étaient associés.

Si tant est que l'on puisse comparer une étude statistique aux éléments que peuvent apporter des analyses individuelles, je retire de cette étude des faits qui vont dans le même sens. Lorsque ces jeunes adultes ont été battus, ils le disent très simplement si on le leur demande, mais si ceux qui ont été les plus maltraités sont les plus malades, c'est l'étude statistique, et non l'individu, qui permet de faire le lien entre les coups et les accidents. En analyse, tout au moins au début, les patients ne font pas non plus le lien entre les sévices dont ils se souviennent et les maux dont ils souffrent. Ce que l'étude ne dit pas et qu'il serait évidemment intéressant de savoir, c'est ce qu'ils pensent de leur enfance et ce que leurs parents en disent. Mon hypothèse est que plus l'histoire est révisée et s'écarte de la vérité, et plus le sujet tente de témoigner corporellement de la façon dont il a été atteint : atteint dans son corps et dans sa dignité d'être humain, puisqu'il n'a été frappé que du seul fait d'être né et de ce qu'il représente pour celui qui le frappe.

Revenons à Boris.

Aujourd'hui, Boris, deux ans, est accompagné par Myriam. Il monte tout seul sur sa chaise et prend le biberon dont il essaie, sans succès, de dévisser la tétine. Il paraît assez angoissé et dit : « C'est dur » en tendant le biberon à Myriam pour qu'elle l'aide. Pendant ce temps, Myriam me raconte que le projet d'aller en famille d'accueil ne peut se concrétiser pour le moment, car il n'y a pas de famille disponible. Elle a remarqué que Boris se met très en colère et se frappe la tête quand elle veut lui changer sa couche. Je lui fais préciser ce qu'elle lui dit exactement : « Je vais te changer. » Par aileurs, au cours d'une visite de sa grand-mère paternelle, il s'est encore frappé la tête et sa grand-mère lui a dit qu'il faisait comme son père et son oncle : tous les hommes de la famille en font autant. En clair, ils s'automutilent.

Je m'adresse à Myriam, sans m'occuper de Boris, pour lui dire qu'elle ne peut pas dire à un enfant qu'elle va « le changer ». Ce n'est pas possible : il ne va changer ni de lieu d'accueil, ni de sexe, ni d'origine familiale. Elle va « changer la couche », ce qui est très différent.

J'avais déjà remarqué que certains enfants se mettent à hurler d'angoisse quand on prononce cette phrase en apparence banale : « Je vais te changer. » La mère ou son substitut, voulant bien faire et croyant que c'est le changement de la couche qui angoisse l'enfant, prend soin de le prévenir plusieurs fois, ce qui accentue encore la panique de l'enfant. Le changement effectif de la couche se transforme en épreuve de force assez pénible.

Il s'agit toujours d'enfants pour lesquels être garçon ou être fille ne va pas de soi, la raison étant variable d'une famille à l'autre. Le plus souvent, le père, la mère ou les deux parents ont souhaité une fille alors qu'ils ont un garçon, ou l'inverse. Bien qu'ils aient finalement accepté l'enfant tel qu'il est, il est tout à fait remarquable que l'enfant entende « je vais te changer » comme le vœu inconscient de ses parents et hurle d'angoisse. Lorsque les parents en prennent conscience et peuvent dire à l'enfant qu'ils auraient souhaité avoir une fille, ou un garçon, mais que, maintenant, ils le prennent comme il est et que, de toute façon, on ne peut pas changer de sexe et qu'ils ne font que changer la couche, les hurlements de l'enfant cessent immédiatement.

Parfois, le problème concernant le sexe de l'enfant est plus complexe, mais il doit être recherché et, généralement, on le trouve.

Dans le cas de Boris, je n'ai pas la notion que ses parents aient souhaité une fille, bien au contraire. Je réfléchis tout haut, un peu au hasard, en fonction de ce que je sais déjà, tout en ayant conscience que cela ne lui correspond pas. Je lui dis que personne ne peut changer son sexe, qu'il est le fils de son père, qu'il deviendra un homme comme son père parce qu'il a le même sexe que lui et pas parce qu'il se tape comme les hommes de sa famille. Il me regarde et dit : « Papa, le fils. » En même temps, il joue avec jubilation à ôter le capuchon du biberon et à faire apparaître la tétine, puis à ôter la tétine du biberon. Je commente son jeu dans le contexte : la couche cache son sexe comme le capuchon cache la tétine, mais son sexe ne peut se détacher de son corps alors que l'on peut détacher la tétine du biberon.

Myriam intervient. Elle veut me dire – pourquoi à ce moment-là ? – que la grand-mère paternelle téléphone à la mère quand elle rend visite à Boris pour lui donner des nouvelles. La dernière fois, elle lui a dit que Boris continuait de se frapper. L'intervention de Myriam, le mot « téléphone » me font repenser au coup de téléphone de la mère, plusieurs mois auparavant. Elle m'avait dit que son mari menaçait de tuer Boris en lui criant à elle : « Je veux que tu changes. »

Je dis immédiatement à Boris ce que je crois avoir compris : « Je me souviens de ce que ta mère m'a raconté quand elle m'a téléphoné. Elle m'a dit que ton père lui disait qu'il voulait qu'elle change. Je crois que quand Myriam te dit “Je vais te changer”, tu hurles de peur, comme quand ton père disait à ta mère “Je veux que tu changes” et menaçait de te tuer. Ton père ne peut pas changer ta mère. Myriam ne peut pas te changer. Tu seras toujours un garçon et ton père non plus, on ne peut pas le changer, mais il n'a pas le droit de te tuer. »

Boris continue plus gravement son jeu, sans rien dire jusqu'à la fin de cette séance où se trouve clairement posée la problématique encore terrorisante pour lui de son identification sexuée : pour le père, il représente la mère ou cet autre lui-même qu'il veut tuer.

Tous les jours ou presque, spécialistes et grand public découvrent avec stupéfaction « l'ampleur de la maltraitance » et se demandent avec effroi si celle-ci « augmente ». Question vaine : ce qui a changé, c'est notre perception de la maltraitance, donc de l'enfant, de sa place dans la famille et de ses relations avec les adultes.

En termes de mentalité, nous sommes passés de l'ère de l'enfant roi à celle de l'enfant victime. L'enfant roi, *His majesty the baby*, est une représentation diffuse, indissociable de certains phénomènes historiques. Dès le XVIe siècle, les enfants ont commencé à être retirés de la promiscuité des adultes pour être confiés à d'autres adultes, les spécialistes de l'éducation, en qui les parents avaient assez confiance pour leur déléguer quelques-uns de leurs pouvoirs. Mais c'est seulement vers la seconde moitié du XVIIIe siècle que l'enfant devient le plus précieux des biens, un être qu'on ne remplace pas, celui dont la mort est vécue comme un drame aussi bien pour la mère que pour le père [3]. Le règne de l'enfant roi commence tandis que, sous l'influence de Jean-Jacques Rousseau, l'amour maternel devient « une valeur naturelle et sociale favorable à l'espèce et à la société [4] ».

Au XIXe siècle et pendant la première moitié du XXe siècle, l'investissement affectif et sentimental au profit de l'enfant paraît assuré : la promotion sociale se fait sur deux générations, et si les couples ont moins d'enfants c'est pour leur assurer un avenir meilleur.

À l'ère de l'enfant roi, le dressage éducatif est la plupart du temps assez cruel, même – surtout ? – s'il est perçu comme une forme d'amour et d'attention authentiques [5]. Si nous appliquons nos critères d'aujourd'hui aux méthodes éducatives qui avaient cours, on peut considérer que les enfants, à cette époque, sont tous gravement maltraités *pour leur bien*, ce qui justifie la répétition des pratiques éducatives de génération en génération. L'apprentissage de l'obéissance et de la soumission est une véritable obsession : il ne commence jamais assez tôt. Tous les moyens coercitifs sont bons et l'exploitation de l'amnésie infantile recommandée. Dès 1748, un éducateur, J. Sulzer, écrit : « Avec le temps, les enfants oublient tout ce qu'ils ont vécu dans la toute petite enfance. Si l'on parvient alors à leur ôter la volonté, par la suite ils ne se souviendront jamais d'en avoir eu une, et l'intensité des moyens que l'on aura dû mettre en œuvre ne pourra donc pas avoir de conséquences néfastes. » Notons au passage que même aujourd'hui, l'amnésie infantile reste une énigme.

Non seulement la violence dans l'éducation n'est pas niée, mais elle est érigée en principe éducatif auquel aucun enfant n'échappe. Sous l'appellation de « pédagogie noire », Katharina Rutschky a fait paraître, en 1977, un ouvrage allemand non traduit qui est un recueil de textes sur le mode d'éducation qui prévalait en Europe au début de notre siècle.

Ce livre a fort heureusement été repris par Alice Miller. Voici quelques-uns des principes de la pédagogie noire tels qu'Alice Miller les a repérés : « Les moyens de l'oppression du vivant sont les suivants : pièges, mensonges, ruses, dissimulation, manipulation, intimidation, privation d'amour, isolement, méfiance, humiliation, mépris, moquerie, honte, utilisation de la violence jusqu'à la torture. »

L'une des méthodes de la « pédagogie noire » consiste également à transmettre dès le départ à l'enfant des informations et des opinions fausses. Ces dernières se transmettent depuis des générations et sont respectueusement reprises à leur compte par les enfants, alors que non seulement leur validité n'est pas prouvée, mais qu'il est prouvé qu'elles sont fausses. Entre autres opinions erronées, on peut citer par exemple les principes selon lesquels :

– le sentiment du devoir engendre l'amour ;

– on peut tuer la haine par des interdits ;

– les parents méritent *a priori* le respect en tant que parents ;

– les enfants ne méritent *a priori* aucun respect ;

– l'obéissance rend fort ;

– un sentiment élevé de sa propre valeur est nuisible ;

– un faible sentiment de sa propre valeur conduit à l'amour de ses semblables ;

– les marques de tendresse sont nocives (mièvrerie) ;

– il ne faut pas céder aux besoins de l'enfant ;

– la dureté et la froideur sont une bonne préparation à l'existence ;

– une reconnaissance simulée vaut mieux qu'une sincère absence de reconnaissance ;

– l'apparence est plus importante que l'être ;

– les parents ni Dieu ne pourraient supporter la moindre injure ;

– le corps est quelque chose de sale et de dégoûtant ;

– la vivacité des sentiments est nuisible ;

– les parents sont des êtres dénués de pulsions et exempts de toute culpabilité ;

– les parents ont toujours raison [6].

Si cette liste nous paraît aujourd'hui exagérée, voire dépassée, on ne peut pas ne pas remarquer que si l'on ne prend qu'un ou deux de ces principes, ceux-ci font partie, à des degrés divers, de l'éducation des enfants de la seconde moitié du XXe siècle, sans que cela soit encore reconnu comme une violence ou un mensonge.

Nous voyons aussi à quel point cette représentation de l'enfant roi est contradictoire. Dans le discours, l'enfant est ce don merveilleux et unique, le centre de la famille mais, dans la réalité de son éducation et des relations entre parents et enfants, il est soumis « pour son bien » aux pires violences. Personne n'a pris conscience, n'a voulu ou n'a pu prendre conscience du danger que représentait potentiellement une nation éduquée selon les principes de la pédagogie noire pour peu qu'un individu, à la faveur d'une concordance de facteurs sociaux, politiques et économiques complexes, n'applique à une large échelle les principes éducatifs qu'il avait lui-même subis. C'est pourtant arrivé.

H. A. est le quatrième enfant d'une famille durement touchée. Quinze mois avant sa naissance, ses parents ont perdu en l'espace de quelques semaines leurs trois enfants, tous atteints de diphtérie. D'abord le dernier-né, qui meurt au bout de trois jours. Peu après, c'est le tour de l'aîné âgé de deux ans et demi. Trois semaines plus tard, la petite sœur âgée de seize mois décède également.

La mère a vingt-six ans et le père cinquante. Ils auront encore deux enfants : un garçon, né cinq ans après A., qui décédera à l'âge de six ans, et une fille.

Tout laisse penser que la mère n'a, en aucune façon, pu faire le deuil de ses enfants et que la naissance de H. A. a réactivé de profondes angoisses et un grave sentiment de doute quant à ses aptitudes à être mère. Est-ce la raison pour laquelle elle a fait venir auprès d'elle sa sœur, schizophrène et disgraciée de surcroît ?

La tâche dévolue consciemment et inconsciemment au nouveau-né est quasi insurmontable : remplacer trois enfants morts et probablement idéalisés, et rendre vie à une femme brisée.

Peut-être même était-elle déjà brisée avant la mort de ses trois enfants. Qu'on en juge. Arrivée à seize ans auprès de son futur mari – celui-ci est en fait son cousin, plus âgé de vingt-quatre ans – elle a pour tâche de s'occuper de sa première femme, malade, et de leurs deux enfants. Le maître de logis la met enceinte avant la mort de son épouse. Celle-ci a la bonne idée de mourir, et le cousin peut épouser la cousine avant la naissance de leur premier enfant. Entre-temps, en raison de leurs liens familiaux, le futur mari a demandé et obtenu une dispense papale, arguant notamment de l'existence de deux jeunes orphelins ayant besoin de soins maternels mais omettant habilement de signaler que la future épouse est déjà enceinte.

Le père de H. A. – désignons-le par A. – n'a pas eu non plus une vie facile. Malgré une ascension sociale incontestable, ce fonctionnaire des douanes, issu d'un milieu extrêmement pauvre, reste marqué par sa naissance illégitime, un doute sur ses origines, et la séparation d'avec sa mère à l'âge de cinq ans.

Sa mère était une fille de ferme célibataire quand elle l'a mis au monde. Dans le registre paroissial, la case où figure l'identité du père reste... vide. Cinq ans plus tard, la mère de A. épouse un ouvrier et, la même année, elle le confie définitivement au frère de son mari, un paysan très pauvre. De qui A. était-il le fils ? Du mari de sa mère ? Du frère du mari ? Ou du jeune fils du couple juif où était employée sa mère au moment de sa grossesse et dont elle a reçu pendant quatorze ans une pension alimentaire ? A. ne l'a jamais su avec certitude. Le sujet est totalement tabou, mais les rumeurs vont bon train.

Les deux épouses successives de A. ont été enceintes avant le mariage, ce qui a amené les enfants à revivre le destin d'enfant illégitime que leur père a lui-même subi. A. porte le nom de sa mère, morte quand il avait onze ans, jusqu'à quarante ans, date à laquelle son « père d'éducation » le légitime.

A. est un homme autoritaire et certainement alcoolique. Il est également décrit comme un travailleur consciencieux bien que fragile sur le plan psychologique. Il allie à une grande ambition une conscience morale accommodante, caractérisée par son aptitude à tourner et à exploiter les règlements à son profit, tout en préservant l'apparence de la légalité.

À la maison, il agit en véritable tyran domestique, battant et humiliant chaque jour sa femme – mais considère-t-il comme une femme cette jeune cousine qui toute sa vie l'a appelé « Oncle A. » ? – et tous ses enfants dès leur plus jeune âge. Il s'en prend en particulier à H. A. dont il ne supporte pas « l'effronterie et la grossièreté ». Ce père éprouve-t-il une jalousie aussi inconsciente qu'irrépressible face à cet enfant qui a, de son point de vue, tout ce dont lui-même a été cruellement privé ? H. A. est un enfant légitime, connaissant et vivant avec son père, choyé par sa mère. Ce qui est sans doute impardonnable. Le père n'appelle pas le fils par son prénom mais le siffle comme un chien.

Cette attitude est censée inspirer obéissance, soumission et respect. Si la mère d'H. A. a pu remplir scrupuleusement son devoir, elle n'a jamais été en mesure de protéger ses enfants, ni même d'établir avec eux et entre eux la moindre complicité ou la moindre solidarité. Chacun vit seul, dans la terreur, l'injustice et la haine à peine refoulée. Tout, surtout le pire, peut arriver de façon imprévisible, à n'importe quel moment.

H. A. a raconté plus tard avoir été presque battu à mort à l'âge de onze ans pour avoir voulu fuir. Tout laisse penser qu'il était déjà battu à l'âge de trois ans, voire avant. Il a aussi dit que le fait de ne pas exprimer sa douleur était une preuve de courage et qu'il s'est entraîné à compter les coups de bâton infligés par le père, sans rien dire. C'est l'époque où l'enfant est contraint d'aller chercher son père dans des salles de café, puantes et enfumées, pour le ramener par ses supplications à la maison, après des scènes de grande honte.

Quand son père meurt, H. A. a quatorze ans. Dès l'âge de onze ans, il est devenu un fort mauvais élève, mettant ainsi en échec ses maîtres en qui il ne voit que des substituts paternels médiocres. Mais quand le savoir sur les origines est interdit, menaçant et dangereux, comment ne pas étouffer sa curiosité ?

Devenu adulte, H. A. aurait pu se contenter, si l'on peut dire, d'imposer à une femme ses perversions sexuelles, de se venger sur ses enfants des humiliations subies et jamais reconnues, en se conduisant comme son père, qu'il a toujours désigné comme « Monsieur mon Père ». Le sort en a décidé autrement, en toute légalité.

Au cours de sa fulgurante carrière, H. A. a réussi à transférer son propre traumatisme familial à l'ensemble d'un peuple élevé globalement dans les mêmes conditions que lui. En désignant un ennemi extérieur haïssable, il a permis à tout un peuple d'exprimer en toute légalité sa haine envers ses parents sans remettre en question son sentiment du devoir et ses vertus chrétiennes. Pour annuler le tabou du secret de famille, tout citoyen a été tenu de prouver ses origines, en remontant jusqu'à la troisième génération. La « tâche » du passé du père a été affichée... sur d'autres. Les livres auxquels il s'était refusé l'accès ont été brûlés. Il a persécuté et assassiné des populations entières, les réduisant à l'état d'enfants terrorisés et impuissants. Il a organisé des camps à grande échelle où les hommes étaient traités comme il l'avait été dans son enfance, tandis que le lieu de naissance de son père et le cimetière où reposait sa grand-mère étaient rasés. H. A. : Hitler Adolf [7].

Il faut remercier Alice Miller d'avoir retracé l'enfance des chefs nazis, et plus particulièrement celle de Hitler, à la lumière de la psychanalyse, et d'avoir démontré que les hommes qui ont été les initiateurs de cette expérience tragique sont *aussi* le produit d'une éducation dans une société donnée. Ne se contentant pas de maltraiter leurs propres enfants, ils en sont venus à ériger la répétition de leur éducation en idéologie totalitaire, qu'ils ont appliquée à un peuple lui-même formé, selon les principes de la pédagogie noire, à l'obéissance aveugle et au sens du devoir. En désignant les juifs, et non les parents, comme persécuteurs, ils ont offert à ce peuple « un moyen de vivre sous une forme légale la haine accumulée en eux depuis le premier jour de leur vie [8] ». J'ai parfaitement conscience, et Alice Miller en fait aussi la remarque, qu'il peut paraître naïf, révoltant et abusif de réduire un phénomène d'une telle ampleur historique à l'enfance des chefs. Mais justement parce qu'ils ont mis en œuvre dans la réalité, et sans aucune limite, leurs plus sombres fantasmes, la continuité apparaît plus clairement que partout ailleurs. Je n'ai fait ici que dresser un tableau très sommaire. L'analyse détaillée d'Alice Miller est beaucoup plus convaincante.

Depuis la fin de la Seconde Guerre mondiale, la représentation de l'enfant victime a peu à peu gagné du terrain, sans se substituer totalement à celle de l'enfant roi. « L'enfant est en train de perdre un monopole tardif et peut-être exorbitant ; il revient à une place moins privilégiée, pour le meilleur et pour le pire. Le XVIIIe-XIXe siècle se termine sous nos yeux [9] », diagnostique Philippe Ariès. Mais que recouvre cette représentation ? Comme celle de l'enfant roi, elle est ambiguë et parfois contradictoire puisqu'on n'a jamais autant parlé des enfants, de leur conception, de leur éducation, de leur statut juridique, de leur entrée en force dans le monde scientifique.

Si l'enfant reste un « bien » fort précieux, il doit maintenant, pour être accepté, être parfait et venir à point. L'enfant non programmé ou celui chez qui on décèle la moindre malformation n'est-il pas ouvertement préposé à l'élimination même si, dans un second temps, les parents changent d'avis ?

La maternité n'en reste pas moins une valeur fondamentale, ce que l'on peut appréhender auprès des couples qui précisément n'y arrivent pas et qui sont prêts, avec la complicité très active des médecins, à y consacrer une bonne part de leur énergie. À l'extrême, on a vu récemment aux États-Unis deux femmes sur le point d'accoucher se faire assassiner par des « amies » pour leur kidnapper leur bébé *in utero*.

Des enfants, il en faut, mais pas trop. Deux enfants, un garçon et une fille, c'est idéal. Trois, c'est presque trop. Car la grande majorité des femmes travaillent, par goût ou par nécessité. Elles ne veulent plus, ne peuvent plus se consacrer à leurs enfants au détriment de leur vie sociale et professionnelle, d'autant qu'elles sont de plus en plus souvent seules pour les élever. Le modèle de la famille indissoluble a éclaté, tandis que « la famille monoparentale » est en pleine expansion.

Le contrôle des naissances qui avait pour rationalisation d'assurer un avenir meilleur à chaque enfant est aujourd'hui utilisé autrement. Il sert à différer la première naissance qui gêne l'ascension sociale du couple, et plus précisément de la femme, et à ne pas être importuné par un trop grand nombre d'enfants.

L'éducation s'est radicalement transformée, et la psychanalyse n'y est pas étrangère. L'obéissance et la soumission ne sont plus des vertus premières. Le dressage est maintenant considéré comme une forme d'aliénation économico-sociale et/ou comme un effet des pulsions sadiques des parents ou des éducateurs.

La nouvelle valeur est l'épanouissement de l'enfant, considéré dès son plus jeune âge comme un individu à part entière. Tout ce qui est supposé aller à l'encontre de cet épanouissement est jugé nuisible. Dans le discours, le divorce des parents a longtemps été au premier rang des menaces destructrices qui planaient sur les enfants : à parents séparés, enfants perturbés. Dans le discours toujours, il semble que la maltraitance ait pris le relais. En faisant voler en éclats la valeur éducative des coups et des brimades de toutes sortes, on aurait pu penser que ceux-ci cesseraient, puisque c'était leur justification première. Or ceci n'a été vrai qu'en partie. Et les parents qui continuent de maltraiter leurs enfants font rejaillir l'opprobre sur tous les parents, car ils manifestent ce que l'on ne voulait pas voir à l'ère de l'enfant roi : battre un enfant, c'est légitimer sa volonté de punition et non éduquer. Mais quel parent peut affirmer sincèrement qu'il n'a jamais eu la volonté de punir ?

Aujourd'hui, il est généralement admis que la violence envers les enfants est nuisible, illégale, qu'il faut y mettre un terme, si possible en une génération, et punir les parents et autres adultes qui n'ont pas remis leurs pendules à l'heure. On s'est progressivement rendu compte que la violence exercée sur l'enfant avait des effets néfastes sur l'adulte que cet enfant allait devenir et que ces effets néfastes allaient avoir des conséquences sur sa propre descendance, voire sur la collectivité tout entière. Ce raisonnement est particulièrement net aujourd'hui avec les violeurs d'enfants. La très grande majorité d'entre eux ont été violés dans leur enfance, le plus souvent par un membre de leur famille. Le secret maintenu par la menace, la terreur, l'absence de sanction, la complicité des autres adultes qui ont un pouvoir sur l'enfant, amène parfois cet enfant devenu homme à violer ses propres enfants ou les enfants des autres, dans une tentative désespérée de faire reconnaître ce qu'il lui est arrivé. L'enfant violé par des adultes non sanctionnés devient un adulte qui abuse et ne peut résister à la barbarie. La société s'en émeut à juste titre, d'autant que ces personnes sont considérées comme incurables et récidivistes. La sanction n'a prise ni sur leurs pulsions ni sur leur éthique. Ceux qui, à leurs yeux, auraient dû être sanctionnés ne l'ont pas été, ne le seront jamais, et il est rare qu'eux-mêmes se sentent coupables.

Sur le plan juridique, on a assisté à la mise en cause de plus en plus radicale de l'autorité parentale. Celle-ci est assimilée à une domination abusive alors que, dans la réalité, les parents n'ont jamais été aussi peu autoritaires. Comme le dit avec pertinence Françoise Dolto : « Maintenant les parents ont “l’autorité parentale” alors que généralement ils n’ont d’autorité ni l’un ni l’autre. Pourquoi a-t-on pris le mot “autorité” alors que les enfants savent qu’ils n’en ont pas, au lieu de dire “responsabilité parentale” ? [10] »

Une autre caractéristique de cette seconde moitié du XXe siècle est que l’enfant, livré depuis le XVIe siècle aux pédagogues et entré dans l’histoire par le biais de l’éducation, est maintenant livré aux scientifiques qui, eux, le magnifient. Ne parle-t-on pas couramment de « nourrissons savants », terme employé pour la première fois par Ferenczi ? Ne découvrons-nous pas chaque semaine de nouvelles « performances » dans les laboratoires ?

Ces nourrissons que l’on dit si savants qu’ils en intimident leurs propres parents et à qui on reconnaît avec enthousiasme le statut de « personne » sont dans le même temps considérés comme des victimes potentielles du seul fait de leur dépendance irréductible à leurs parents. S’ils sont victimes, c’est au premier chef de l’utilisation de la science qui est faite en leur nom. Comme il a été justement dit, « la référence à la science et à travers elle à la nature est au cœur de l’idéologie des droits de l’enfant [11] ». À considérer comme « vraie », parce que scientifique, une image de l’enfant qui « sent » tout et « sait » tout dès la naissance et même avant, à légiférer sur l’être vivant biologique, on oublie sciemment que l’être humain est avant tout un être de langage et de culture. Ses potentialités ne valent que par rapport à l'adulte qu'il va devenir, en tant que fils ou fille de parents qui auront parcouru un chemin similaire.

On a voulu croire que l'idéalisation de l'enfance irait de pair avec le respect de l'enfant. Il n'en est rien, peut-être parce que les adultes idéalisent leur propre enfance et non leurs enfants, qui d'ailleurs n'en demandent pas tant. Quand Pascal Bruckner pose la question : « Le bébé est-il l'avenir de l'homme ? », c'est pour stigmatiser l'infantilisme des adultes occidentaux qui « n'est en rien l'amour de l'enfance mais la quête d'un état hors temps où l'on brandit tous les symboles de cet âge pour s'en griser, s'en étourdir ». Or il existe un lien indiscutable entre l'infantilisme et la victimisation : « L'un et l'autre se fondent sur la même idée du refus de la dette, sur une même négation du devoir, sur la même certitude de disposer d'une créance infinie sur ses contemporains [12]. »

À l'ère de l'enfant victime dont la représentation de l'enfant maltraité est une figure de proue, les enfants ont en apparence tous les droits. N'est-ce pas une manière assez perverse, de la part des adultes, de se décharger de leurs responsabilités en les faisant endosser directement par leurs enfants ou par toutes les institutions étatiques qui se proposent si facilement, pour rester eux-mêmes à l'état d'enfants ?

La dernière séance

> Empathie : Projection de sa propre personnalité dans celle d'une autre personne afin de mieux la comprendre et de partager ses émotions ou ses sentiments.
>
> *Webster's New World Dictionary*

Hannah et moi savons que nous nous voyons aujourd'hui pour la dernière fois. Hannah a cinq ans. Elle vient me voir depuis quatre ans. Il est tout à fait exceptionnel qu'une cure commencée aussi tôt, à un an, dure aussi longtemps. Soit elle se termine plus rapidement, soit elle est interrompue par le départ de l'enfant. Hannah a toujours souhaité continuer à venir, elle a accompli un travail remarquable, et elle aura passé quatre ans à la pouponnière…

Après maintes péripéties juridico-familiales, elle va enfin être adoptée par une famille qu'elle vient de rencontrer. C'est une des très rares enfants à laquelle je me sois « attachée ». Il peut paraître curieux, voire choquant, que je m'exprime ainsi. Cela ne signifie pas que les autres enfants m'indiffèrent, bien au contraire. J'éprouve vis-à-vis de chaque enfant, de chaque histoire, un intérêt et des sentiments puissants, positifs et négatifs, qui renouvellent l'intérêt que je porte à ce métier et qui me servent pour le pratiquer. Mais il s'agit de sentiments « professionnels » auxquels je ne pense pratiquement pas en dehors des séances. Habituellement, je suis toujours contente lorsqu'un enfant termine sa cure, lorsqu'il peut se passer de moi et aborder sa vie future dégagé des fardeaux qui l'empêchaient de vivre ou le mettaient à la merci de fantasmes destructeurs.

Pour avoir vécu de façon douloureuse et maladive la fin de ma propre analyse, j'ai longuement réfléchi et travaillé par la suite pour ne pas répéter ce que j'avais moi-même vécu (subi) et pour que les enfants (et les adultes) qui me font la confiance de travailler avec moi partent, autant que faire se peut, libérés de leurs attaches transférentielles, celles précisément qui leur ont permis de revivre les situations et les émotions douloureuses qui n'avaient jamais pu s'exprimer. Il m'a bien évidemment fallu analyser les situations de rupture que j'ai pu connaître avec mes parents, mes enfants, mes proches et mon analyste, pour ne pas revivre avec mes patients ou leur faire vivre les sentiments d'abandon que l'on peut éprouver quand une personne vous quitte... Voir travailler Françoise Dolto, la voir notamment quitter les enfants qu'elle recevait encore un mois avant sa mort en sachant qu'elle ne les reverrait plus, m'a à la fois bouleversée et instruite.

C'est pourquoi j'attache une grande importance aux fins de cure. J'ai un souci extrême que mes patients ne dépendent plus de moi, ni moi, d'eux, surtout – mais n'est-ce pas toujours le cas ? – lorsqu'ils sont venus pour se dégager de leur dépendance à leurs propres parents. Cela vaut aussi bien pour les enfants. Même si, en raison de leur âge, ils ont encore besoin d'adultes tutélaires, parents ou substituts, leur dépendance matérielle et leurs besoins affectifs ne doivent plus signifier soumission, souffrance ou déni de leurs émotions.

Pourquoi les choses sont-elles différentes avec Hannah ? Son histoire n'est pas plus tragique que bien d'autres histoires. Elle n'a aucune résonance avec ma propre vie. Les graves dysfonctionnements institutionnels qu'elle a subis m'ont parfois révoltée intérieurement, mais je n'ai jamais eu la tentation de sortir de ma fonction avec le fantasme que je saurais mieux y faire que les autres. Non. C'est quelque chose dans notre relation qui me rend Hannah si chère. Sa durée peut-être ? Aider une enfant à vivre, la voir évoluer, s'éveiller en analyse entre un an et cinq ans, est unique, incomparable, mais ne suffit pas.

Je crois que ce qui m'émeut le plus, ce sont quelques instants fugitifs qui n'arrivent pas toujours où, au cours d'une séance, les mots que je prononce parfois sans même savoir d'où ils me viennent mettent l'enfant dans une confiance et une ouverture totale qu'il manifeste par un échange de regard d'une intensité inouïe, un sourire qui le transfigure ou un relâchement corporel qui ne trompe pas. L'enfant est alors totalement perméable à cette parole douce qui le touche sans le blesser, qui résonne dans son corps sans l'annihiler. Avec ces enfants qui, sur le plan relationnel, reviennent du désespoir, du vide, de la rage, de la tristesse et du ressentiment, c'est un moment de grâce pour l'analyste, un moment d'humanité inouï où, dans la rencontre avec un autre, l'enfant découvre sans se défendre, sans se blesser, ce qu'il est depuis toujours : un Sujet.

Ces moments présentent des risques qui sont tous du côté de l'analyste : ne pas les rechercher pour le plaisir mais savoir y consentir avec plaisir, ne pas les pervertir par des manœuvres de séduction ou les trafiquer en tentant de les prolonger, mais savoir se taire, ne pas en faire un spectacle ou un savoir pour l'auditoire, savoir y renoncer enfin.

Avec Hannah, j'ai connu quelques instants de grâce. Je ressens son départ comme une perte. Dans mes pensées les plus secrètes, j'aurais souhaité qu'elle soit confiée à tel ou tel couple de mes amis qui attendent un enfant à adopter... Ceci étant exactement ce qu'un analyste n'est pas censé penser, j'ai préféré en parler avec les personnes qui ont suivi avec moi la cure d'Hannah. Leur écoute, leur présence amicale et bienveillante, les échanges impromptus que nous avons eus à propos des sentiments qu'Hannah suscitait chez eux et chez moi m'ont très certainement aidée à ne pas lui faire porter le poids de mon transfert, trop positif.

Jusqu'à présent, je n'ai pas parlé de l'importance que j'accorde à ne pas être seule avec l'enfant. Les personnes qui assistent à ma consultation écriront un jour, j'espère, ce qu'elles y ont appris et ce qu'elles critiquent. Outre le fait que leur présence et leurs questions me stimulent, je me sens aidée dans les circonstances qui m'embarrassent le plus : en cas de transfert trop positif, comme avec Hannah, ou trop négatif comme il m'arrive parfois, ou encore lorsque le comportement de l'enfant pendant la séance me déborde totalement et me fait sortir de ma position. La possibilité de parler immédiatement après la séance avec des personnes qui ont toutes l'expérience de la psychanalyse, même si elles ne sont pas toutes psychanalystes de profession, est thérapeutique pour moi et, par la suite, pour l'enfant. Il me semble que même si mes sentiments, mon contre-transfert, ne changent pas, ils pèsent moins sur l'enfant dans la mesure où je peux les partager avec d'autres qui pensent différemment, me le disent et le font, d'une manière ou d'une autre, ressentir à l'enfant.

Les enfants sont extrêmement sensibles à la présence de ceux qui les suivent tout au long de l'année et dont ils connaissent les noms. Dès qu'ils entrent dans mon bureau, ils vérifient toujours que tout le monde est bien là et remarquent immédiatement une absence. Ils les interpellent quand cela leur paraît nécessaire. Chacun des participants, avec sa personnalité et selon les circonstances, peut intervenir, ce qui a probablement pour effet d'« éclater » le transfert de l'enfant qui n'est pas focalisé sur la seule personne de l'analyste.

Pour toutes les raisons que je viens d'évoquer, je ressens cette dernière séance comme une épreuve de vérité. Ai-je été capable, malgré mes sentiments, d'accompagner Hannah avec suffisamment de distance et de professionnalisme pour qu'elle puisse maintenant adopter librement sa famille ? La longueur de sa cure est-elle vraiment le fait de son désir à elle ou de la difficulté que je pourrais avoir à la terminer ?

Hannah vient seule, comme d'habitude depuis qu'elle a deux ans. J'ai appris par un coup de téléphone de la pouponnière, juste avant la séance, que sa famille souhaitait me rencontrer et viendrait la chercher.

Elle s'assied à côté de moi et me demande : « Est-ce que je suis jolie ? » Je suis un peu interloquée. Ne comprenant pas immédiatement le sens de sa question, je la lui renvoie :

« Est-ce que tu te trouves jolie ?

– Maintenant oui », me répond-elle.

Je suppose qu'elle s'est sentie appréciée par ses futurs parents, mais je ne dis rien.

Elle prend la pâte à modeler et fait un gâteau d'anniversaire surmonté d'une seule bougie, puis elle me regarde comme si elle posait une question. Je commente : « C'est une nouvelle vie qui va commencer, mais tes parents vont te prendre à l'âge que tu as, cinq ans, tu n'as pas besoin de redevenir petite. » Elle ajoute d'autres bougies, jusqu'à cinq, et dit :

« Hannah C., cinq ans.

– C. est le nom que t'a donné ton père de naissance. Il est d'accord pour que tu sois adoptée. Il a signé l'acte d'abandon chez le juge et il est venu te le dire. Ton père d'adoption te donnera son nom, celui que tu porteras, et tu garderas le nom de ton père de naissance dans ta tête et dans ton cœur. »

Elle dessine l'empreinte de sa main gauche, froisse la feuille en disant : « J'ai raté. » Je prends la feuille qu'elle veut jeter à la poubelle en disant : « Je garde le raté, parce qu'il vient de toi, mais toi tu n'es pas ratée. »

Elle prend une autre feuille, dessine deux personnages côte à côte, de la même taille mais pas de la même couleur. C'est elle et moi, me dit-elle. Puis elle ajoute : « Je vais faire la mer. » Elle met du bleu sous les personnages et dessine un monsieur et une dame exactement de la même taille qu'elle et moi. Elle ne sait pas qui c'est. Je suppose que ce sont ses parents adoptifs, mais n'interviens pas, car il est souvent préférable de se taire quand on croit avoir compris et de parler quand on n'a pas compris.

Ce sera ensuite son dernier dessin : deux arcs-en ciel. C'est un papa arc-en-ciel et une maman arc-en-ciel. Ils sont collés, me dit-elle. Entre les deux, elle arrive à glisser un bébé, écrit parfaitement son prénom et dit : « J'ai raison ! »

Un coup de téléphone m'avertit que les parents adoptifs viennent d'arriver avec leur fils, âgé de neuf ans. Hannah est d'accord pour que nous nous voyions immédiatement tous ensemble.

Avec son accord et en sa présence, je vais raconter aux parents ce que je sais de son histoire. Ils ont déjà été mis au courant par l'ASE mais pas en présence d'Hannah. Ils n'apprendront rien qu'ils ne sachent déjà mais je leur transmets ce que je sais de l'histoire de l'enfant, devant elle, avec elle. En revanche, la cure reste secrète.

Dès l'entrée des parents et pendant tout l'entretien, Hannah change totalement d'attitude, ce qui me rassure tout à fait. Elle change d'abord de place pour s'asseoir entre son père et sa mère, en face et non plus à côté de moi. C'est le frère qui s'assied à mes côtés et commence à dessiner ! Elle est entièrement avec eux, se tournant alternativement vers son père et sa mère, puis joue avec son frère, ne nous empêchant nullement de parler mais totalement indifférente à ma présence et à l'histoire que je raconte : c'est du passé bien connu qu'elle peut éventuellement oublier.

La mère d'Hannah est morte des suites de l'accouchement trois jours après. Hannah a passé trois mois en néonatalogie, car elle est née prématurée. Le père, qui avait plusieurs autres jeunes enfants, est reparti précipitamment dans son pays d'origine, ne pouvant faire face tout seul à la situation. À sa sortie de l'hôpital, Hannah a été confiée par son père à son oncle et à sa tante, en France. Au bout de quelques mois, le Centre de protection maternelle et infantile a fait un signalement au procureur de la République : Hannah présente de nombreuses traces de fractures au niveau des bras et des jambes et aussi des brûlures des lèvres et de la langue. À ces mots, le frère d'Hannah se lève brusquement et sort de la pièce. Les parents me disent que lui aussi a été maltraité. Ils l'ont adopté récemment. Le jeune garçon revient quelques minutes plus tard s'asseoir à côté d'Hannah. Ils vont jouer ensemble comme s'ils se connaissaient depuis toujours.

L'oncle et la tante ont été incarcérés une quinzaine de jours. Par la suite, le juge a classé l'affaire « faute d'éléments ». Cela n'a pas facilité la cure d'Hannah, car il était extrêmement difficile pour moi de parler de ce qui lui était arrivé en tenant compte du fait que la justice n'avait pas reconnu coupables ceux qui l'avaient maltraitée. Il ne pouvait s'agir que de son oncle et de sa tante puisque Hannah n'était jamais sortie de chez eux.

Hannah est arrivée à la pouponnière à huit mois et demi avec tous les stigmates physiques et psychiques d'une enfant battue. Le père, mis au courant, a répondu par courrier qu'il viendrait la chercher, puis n'a plus donné de nouvelles. Pas plus que l'oncle et la tante dont on apprendra plus tard qu'ils sont aussi rentrés dans leur pays. Toutes les enquêtes et recherches pour mobiliser le père s'étant révélées infructueuses, celui-ci ne répondant pas, une requête d'article 350 a été déposée quand Hannah a eu trois ans.

Après ce long délai, tout le monde pensait qu'Hannah pourrait bientôt être adoptée. Trois mois plus tard, coup de théâtre : l'oncle débarque à la pouponnière qui le renvoie au juge des enfants. Il déclare qu'il veut adopter Hannah. Le juge demande une enquête et autorise l'oncle à revoir Hannah en présence d'une tierce personne. Lorsque j'ai reçu l'oncle d'Hannah, il m'a déclaré que « ce qui s'était passé » avait brisé son couple et ses relations avec le reste de la famille. Il envisageait de reprendre Hannah comme preuve de leur innocence à tous les deux. Pendant neuf mois, Hannah a vu très régulièrement son oncle. Les visites se sont ensuite espacées sans trop d'explications et sans qu'aucune décision ne soit prise.

Un an plus tard, alors qu'Hannah est toujours dans l'incertitude totale et n'a plus aucune nouvelle de sa famille, nouveau coup de théâtre : le père arrive à la pouponnière qui le renvoie vers le juge des enfants ! Deux jours après, il signe un consentement à l'adoption. Hannah voit son père qui lui explique lui-même qu'il ne peut l'accueillir : il s'est remarié avec une femme qui maltraite ses enfants (!) et préfère qu'elle soit adoptée en France où elle vit depuis sa naissance. Pourquoi a-t-il attendu si longtemps ? Était-il au courant des démarches de son frère ? L'histoire ne le dit pas.

Les parents m'ont écoutée avec beaucoup d'attention tout en observant leurs deux enfants. Je les ai sentis « expérimentés », prêts à accueillir Hannah comme ils ont accueilli son frère, tel qu'il est. Ils ont fait quelques remarques concernant la pouponnière et ont été frappés par les possibilités de compréhension et d'expression d'Hannah, par son besoin d'affection aussi. Après quelques remarques plus banales, nous nous sommes quittées définitivement de façon un peu cérémonieuse en nous disant « adieu ». Le frère a pris Hannah par la main et l'a emmenée dignement. Elle est partie avec assurance, sans se retourner.

Bonne vie, chère Hannah, et merci de m'avoir aidée à te quitter dans les règles de l'art.

Épilogue

Les enfants qui parlent sont maintenant, la plupart du temps, écoutés. Ceux qui ne parlent pas, en raison de leur âge ou de leurs peurs, sont aussi pris en considération, dès qu'ils présentent le moindre symptôme physique, psychique ou comportemental. Le travail d'information, de formation et surtout de prévention est loin d'être terminé à l'échelle de notre pays, mais la prise de conscience des possibilités de violence à leur endroit existe. Les pédiatres, le personnel des crèches, les médecins hospitaliers, les enseignants, les pédopsychiatres, les psychanalystes, les travailleurs sociaux savent de mieux en mieux deviner les signes alarmants et agir s'il le faut. Ces professionnels ont pleinement conscience que cette possibilité les effleurait à peine lorsqu'ils ont débuté. Aujourd'hui, devant tout symptôme, quelle que soit sa nature, tous y pensent, et ils ont parfois raison d'y penser.

Il faut néanmoins être vigilant quant à la représentation de l'enfant victime que nous véhiculons. La victimisation des enfants va de pair avec la diabolisation des parents, ce qui contribue à la disqualification de la fonction parentale en général. En s'identifiant systématiquement à l'enfant victime, on a l'illusion de choisir son camp en repérant avec certitude qui est l'agresseur et qui est l'agressé. Il est abusif, et pourtant tellement répandu, de considérer que tout enfant est avant tout victime de ses parents. Ce n'est pas vrai, même si certains le sont.

Une fois passé le temps du dépistage, tout reste à faire. Les enfants maltraités ne sont pas différents des autres enfants, mais ils risquent de le devenir selon ce qui sera fait ou dit. On a vu ce qui pouvait advenir quand rien n'était dit ou fait. Il importe aujourd'hui de trouver une juste voie entre le déni de la maltraitance et la stigmatisation des parents. Tous les enfants maltraités ne deviennent heureusement pas des pédophiles ou des parents maltraitants, mais la très grande majorité de ceux-ci ont été abusés sexuellement dans leur enfance par leurs parents ou par des proches, sans que cela soit jamais dit, reconnu, sanctionné.

Si l'on ne veut pas que l'enfant maltraité d'aujourd'hui devienne plus tard un parent maltraitant ou pervers avec ses propres enfants ou avec les enfants des autres, il importe de reconnaître la violence gratuite sans porter de jugement de valeur sur les parents, car l'enfant en sera également gravement atteint. Un parent ne se réduit jamais aux coups qu'il a donnés, pas plus qu'un enfant ne se réduit aux coups qu'il a reçus. Il ne peut trouver de sens à son existence que s'il se reconnaît, avec un minimum de fierté, fils de ou fille de.

Lorsque la séparation d'avec les parents est le gage de leur protection physique, les conditions de cette séparation sont essentielles, car les enfants en souffrent. Plus ils sont jeunes, plus il est nécessaire que les parents les accompagnent, passent eux-mêmes le relais et manifestent un accord minimum pour déléguer à d'autres ce qu'ils ne peuvent, momentanément ou non, assurer eux-mêmes. Faute de quoi, l'enfant arraché à des parents qu'il aime, même s'ils le maltraitent, ne s'accorde ni le droit de vivre ni celui de profiter de la protection qu'on souhaite lui accorder. La séparation ne devrait jamais entraîner la suppression de la présence parentale mais, au contraire, permettre une meilleure utilisation de cette présence. Le rôle de la société n'est pas de se substituer définitivement aux parents, ni d'influer sur les sentiments des enfants en émettant des jugements de valeur sur leurs parents. Il y a une différence entre croire ce que l'enfant dit, agir si cela paraît nécessaire et s'ériger en juge pour émettre une opinion souvent définitive sur des parents, ce qui constituera une autre prison pour l'enfant. La marque de l'opprobre est plus douloureuse, plus profonde, que la marque des coups.

Un enfant peut et doit critiquer ses parents, mais avant l'âge de trois ans tout ce que font les parents est « bien », quoi qu'en dise l'entourage. Ce n'est pas une raison pour ne rien dire, encore moins pour mentir. Toutefois, il convient d'être extrêmement prudent pour éviter de déstabiliser l'enfant dans les fondements mêmes de sa personne. La voie est étroite entre la reconnaissance de la transgression que représentent les coups, ou toute autre forme de sévice, et la non-identification de la personne entière à son acte. Mais il faut la trouver. L'enfant doit être laissé libre de se faire *son* opinion sur ses parents, en intégrant le jugement et la sanction portés sur leurs actes par la justice.

L'analyse, si le psychanalyste sait tenir sa place, peut aider ces enfants. Être le fruit d'une histoire douloureuse ne contraint pas forcément à vivre perpétuellement dans la souffrance, ni à faire souffrir autour de soi le cas échéant. Lorsque les enfants maltraités continuent d'aimer leurs parents *en ayant reconnu que les actes commis étaient répréhensibles*, les parents se sentent plus responsables, et moins coupables. On ne laisse pas cette liberté à un enfant si, en tant qu'adulte ayant une position d'autorité par rapport à lui, en dehors du juge qui juge les actes et dit la loi, on émet un jugement sur les parents en tant que personnes. C'est, à mon sens, une transgression et une violence de plus pour l'enfant. Cela ne signifie nullement que l'on doive approuver tout ce que *font* les parents, car ce serait être leur complice.

Les personnes qui pensent que les parents maltraitants sont des monstres ne devraient pas avoir de contact pédagogique ou thérapeutique avec les enfants maltraités. Ceux qui affirment que les parents ne peuvent en aucun cas exercer de sévices sur leurs enfants, non plus. Ces deux positions contraires ont la même fonction chez ceux qui les soutiennent : éviter toute remise en question de leurs propres parents. Quand on idéalise ou quand on hait ses parents, on doit au moins se demander quel enfant on veut protéger, et de quoi on veut le protéger.

Autant je crois utile que les enfants puissent compter sur d'autres adultes pour assurer leur protection lorsque leurs parents dépassent les bornes, autant il me paraît nécessaire que ces mêmes personnes, qui disent vouloir le bien de l'enfant, aient aussi pour préoccupation de continuer de respecter les parents en tant qu'êtres humains. La non-indifférence à la souffrance de l'autre n'implique pas d'exclure les auteurs de ce que l'on réprouve mais, au contraire, de les inclure dans l'humanité.

Notes

AVANT-PROPOS

1. « Les pouponnières ont pour objet de garder jour et nuit les enfants de moins de trois ans accomplis qui ne peuvent ni rester au sein de leur famille, ni bénéficier d'un placement familial surveillé (art. 1er – titre 1 – extrait du décret du 15 janvier 1974 relatif à la réglementation des pouponnières). » Il existe deux catégories de pouponnières : celles à caractère sanitaire pour les enfants devant bénéficier d'une surveillance médicale particulière ne pouvant se réaliser au domicile familial et celles qui sont à caractère social. La pouponnière d'Antony appartient à la seconde catégorie.

QUI SONT LES BONS PARENTS ?

1. Voir le remarquable ouvrage de Philippe d'Iribarne, *Vous serez tous des maîtres*, Paris, Éd. du Seuil, 1996.

L'ENFANT NÉ SOUS X

1. « La femme qui a demandé le secret de son identité lors de l'accouchement peut faire connaître les prénoms qu'elle souhaite voir attribuer à l'enfant. À défaut ou lorsque les parents de celui-ci ne sont pas connus, l'officier de l'état civil choisit trois prénoms dont le dernier tient lieu de patronyme à l'enfant (art. 57 du Code civil modifié par l'art. 24 de la loi

n° 96-604 du 5 juillet 1996). » L'enfant n'est donc jamais « anonyme ». Seul le patronyme de la mère reste secret.

2. Depuis 1983, l'ASE a été décentralisée. Chaque département est découpé en secteurs, chaque secteur constituant une entité administrative et sociale appelée « groupement de circonscription ». Chaque groupement est composé d'un inspecteur, de travailleurs sociaux et d'une secrétaire. La personne responsable du dossier de l'enfant est, pour lui, le « référent ».

3. La pouponnière est structurée en « unités de vie » composées de vingt-quatre enfants et de deux groupes d'adultes, pour le matin et l'après-midi. La responsable d'unité, puéricultrice ou infirmière de formation, gère l'unité, encadre les maternantes et anime le groupe. Elle est référente de façon directe et personnelle auprès de l'enfant pour ce qui concerne sa vie quotidienne et au-delà. Les maternantes sont des puéricultrices qui s'occupent de l'enfant au quotidien.

4. L'article 47 du code de la famille et de l'Aide sociale accorde à toute femme le droit d'accoucher sans décliner son identité, afin d'assurer le secret de la naissance. Cette disposition législative est couramment appelée « accouchement sous X » parce qu'un « X » figure à la place du patronyme dans le dossier de la mère. Les géniteurs ont la possibilité de reconnaître l'enfant pendant trois mois. Passé ce délai, l'enfant devient pupille de l'État et il est adoptable. Depuis le 5 juillet 1996, ce délai est passé à deux mois.

5. J'ai quelques doutes sur le fait que la formule « geste d'amour » soit vraiment l'expression employée par la mère. J'y vois plutôt une projection de l'assistante sociale tout à fait dans l'ambiance actuelle depuis la parution du livre de Catherine Bonnet qui s'appelle justement *Geste d'amour* (Paris, Éd. Odile Jacob, 1990 ; nouv. éd. coll. « Opus », 1996).

6. Voir le remarquable article de Nathalie Daladier, « Les mères aveugles », *Nouvelle Revue de psychanalyse*, 19, 1979, p. 229-244.

7. En Europe, on peut « accoucher sous X » uniquement en France et au Luxembourg.

8. « Lorsqu'il y a demande de secret, celle-ci doit être formulée expressément et mentionnée au procès-verbal. Le procès-verbal doit également mentionner que le demandeur a

été informé de la possibilité de faire connaître ultérieurement son identité et de ce que pourront seuls être informés de la levée du secret de cette identité ainsi que de l'identité elle-même, sur leur demande expresse, le représentant légal de l'enfant, l'enfant majeur ou les descendants en ligne directe majeurs de ce dernier, s'il est décédé (art. 62 du code de la famille modifié par l'art. 31-4 de la loi nº 96-604 du 5 juillet 1996). »

9. C. Dolto-Tolitch, « Dialogue haptonomique pré- et post-natal », communication faite au congrès d'haptonomie en novembre 1995.

L'ENFANT QUI AIMAIT TROP SA MÈRE

1. P. Straus et M. Manciaux, *L'Enfant maltraité*, Paris, Éd. Fleurus, 1993.

2. « La violence à l'école : comment protéger nos enfants » : c'est la couverture de *L'Express* du 23 au 29 mars 1995.

L'ENFANT À QUI ON A TROP PARLÉ

1. Je tiens ici à rendre hommage à Denis Vasse. Son dernier séminaire parisien (1994) a très largement inspiré les réflexions contenues dans ce chapitre.

L'ENFANT SAISIE PAR LE DROIT

1. Art. 350 du Code civil : « L'enfant recueilli par un particulier, une œuvre privée ou un service de l'Aide sociale à l'enfance, dont les parents se sont manifestement désintéressés pendant l'année qui précède l'introduction de la demande en déclaration d'abandon, peut être déclaré abandonné par le tribunal de grande instance [...]. »

2. Voir A. Garapon, *Le Gardien des promesses. Justice et démocratie*, Paris, Éd. Odile Jacob, 1996.

3. F. Hurstel, *La Fonction paternelle aujourd'hui en France*, thèse de doctorat d'État, université Louis-Pasteur, Strasbourg, 1991. Il en a été tiré un livre, *La Déchirure paternelle*, Paris, PUF, coll. « L'éducateur », 1996. Je remercie Françoise Hurstel de m'avoir permis d'utiliser sa remarquable thèse pour les données historiques et juridiques, mais aussi analytiques. Ce chapitre s'en inspire largement.

4. É. Badinter, *L'Amour en plus*, Paris, Le Livre de Poche, 1980, nº 5636, p. 369.

5. Cette loi, heureusement peu appliquée de nos jours, a des effets ravageurs liés en partie à l'impact du mot « déchéance ». Voir *À corps et à cris*, « La déchéance et après… », p. 180-187 (Éd. Odile Jacob, coll. « Opus »). Dans la loi nº 96-604 du 5 juillet 1996 relative à l'adoption, j'ai constaté avec plaisir que le mot « déchéance » avait été remplacé par le mot « retrait » (de l'autorité parentale).

6. F. Hurstel, *op. cit.*, p. 179.

7. É. Badinter, *op. cit.*, p. 188.

8. « L'autorité parentale appartient aux père et mère pour protéger l'enfant dans sa sécurité, sa santé, sa moralité » (art. 371-2cc).

9. « C'était un droit de puissance en quoi il fallait entendre originellement un droit absolu portant sur la personne d'autrui et comportant le pouvoir de la contraindre. C'était un droit essentiellement paternel et bien que la mère y eût virtuellement part, le père seul en avait l'exercice » (J. Carbonnier, 1977).

10. « Tous les droits doivent être accordés à tout enfant sans exception », déclare fièrement Violette Gorny dans *Priorité aux enfants* (Paris, Hachette, coll. « Les guides société », 1991).

11. I. Théry, *Le Démariage. Justice et vie privée*, Paris, Éd. Odile Jacob, coll. « Opus », 1996 (1re éd., 1993), p. 377. Irène Théry consacre un remarquable chapitre (« Les nouveaux droits de l'enfant ») à l'analyse critique de la Convention internationale des droits de l'enfant sur un plan historique, idéologique et sociologique.

12. *Les 10-13 ans*, Autrement, série « Mutations », nº 123, sept. 1991, « L'enfant en personne », p. 180.

13. I. Théry, *op. cit.*, p. 368.

L'ENFANT VICTIME

1. F. Dolto, *La Cause des enfants*, Paris, Éd. Robert Laffont, 1985, p. 291-292.

2. J. Cornet, « Faut-il battre les enfants ? », *La Revue du praticien*, t. X, nº 345, p. 27-34.

3. É. Badinter, *op. cit.*, p. 266.

4. *Ibid.*, p. 188.

5. P. Ariès, « L'enfant : la fin d'un règne », in *Finie, la famille ?*, Paris, Autrement, 1992, série « Mutations-Poche », nº 8.

6. A. Miller, *C'est pour ton bien. Racines de la violence dans l'éducation de l'enfant*, Paris, Aubier, 1984.

7. Ce « cas » est extrait et reconstruit à partir du chapitre très détaillé que lui consacre Alice Miller dans *C'est pour ton bien, op. cit.*, p. 169-228, et intitulé « L'enfance d'Adolf Hitler : de l'horreur cachée à l'horreur manifeste ».

8. A. Miller, *op. cit.*, p. 217.

9. P. Ariès, « Entretien », *Nouvelle Revue de psychanalyse*, printemps 1979.

10. Interview accordée à Philippe Chaillou et non publiée. Voir Association Archives et Documentation Françoise Dolto.

11. I. Théry, *op. cit.*, p. 398.

12. P. Bruckner, *La Tentation de l'innocence*, Paris, Grasset, 1995.

Bibliographie

Les références des livres cités figurent en notes, mais les ressorts de l'âme humaine se trouvent chez les romanciers. D'une manière ou d'une autre, ceux que j'ai choisis ont nourri ma réflexion sur ces Vies privées.

BARRIE J. M., *Peter Pan*, Paris, Gallimard, coll. « Folio junior », 1988, n° 411.

DEL CASTILLO M., *Tanguy*, Paris, Gallimard, 1995.

–, *Rue des Archives*, Paris, Gallimard, 1994.

DICKENS C., *David Copperfield*, Paris, Garnier-Flammarion, 1978, n° 310-311.

GOLDSCHMIDT G.-A., *La Ligne de fuite*, Paris, Flammarion, 1994.

GRASS G., *Le Tambour*, Paris, Le Seuil, 1979.

HUGO V., *Les Misérables*, Paris, Gallimard, coll. « Folio », 1995, n° 2779-2780.

JAMES H., *Ce que savait Maisie*, Paris, Robert Laffont, 1984.

KRISTOF A., *Le Grand Cahier*, Paris, Le Seuil, coll. « Points », 1995.

QUEFFÉLEC Y., *Les Noces barbares*, Paris, Gallimard, 1985.

MACGAHERN J., *L'Obscur*, Paris, Presses de la Renaissance, 1989.

MAUPASSANT G. DE, *La Petite Roque*, Paris, Le Livre de Poche, 1972, n° 1191.

MURAKAMI R., *Les Bébés de la consigne automatique*, Paris, Philippe Picquier, 1996.

ÔÉ K., *Une affaire personnelle*, Paris, Stock, 1985.

–, *Arrachez les bourgeons, tirez sur les enfants*, Paris, Gallimard, 1996.

PERRAULT C., *Contes, Cendrillon,* Paris, Gallimard, coll. « Folio Classique », 1981, nº 1281.
RENARD J., *Poil de Carotte*, Paris, Gallimard, coll. « Folio junior », 1987, nº 466.
SÉGUR S. DE, *Un bon petit diable*, Paris, Gallimard, coll. « Folio junior », 1977, nº 15.
VALLÈS J., *L'Enfant*, Paris, Gallimard, coll. « Folio », 1974, nº 519.
ZOLA É., *L'Assommoir,* Paris, Le Livre de Poche, 1984, nº 97.
ZORN F., *Mars*, Paris, Gallimard, 1988.

Table des matières

Dans la collection « Poches Odile Jacob »

N° 1 : Aldo Naouri, *Les Filles et leurs mères*
N° 2 : Boris Cyrulnik, *Les Nourritures affectives*
N° 3 : Jean-Didier Vincent, *La Chair et le Diable*
N° 4 : Jean François Deniau, *Le Bureau des secrets perdus*
N° 5 : Stephen Hawking, *Trous noirs et bébés univers*
N° 6 : Claude Hagège, *Le Souffle de la langue*
N° 7 : Claude Olievenstein, *Naissance de la vieillesse*
N° 8 : Édouard Zarifian, *Les Jardiniers de la folie*
N° 9 : Caroline Eliacheff, *À corps et à cris*
N° 10 : François Lelord, Christophe André, *Comment gérer les personnalités difficiles*
N° 11 : Jean-Pierre Changeux, Alain Connes, *Matière à pensée*
N° 12 : Yves Coppens, *Le Genou de Lucy*
N° 13 : Jacques Ruffié, *Le Sexe et la Mort*
N° 14 : François Roustang, *Comment faire rire un paranoïaque ?*
N° 15 : Jean-Claude Duplessy, Pierre Morel, *Gros Temps sur la planète*
N° 16 : François Jacob, *La Souris, la Mouche et l'Homme*
N° 17 : Marie-Frédérique Bacqué, *Le Deuil à vivre*
N° 18 : Gerald M. Edelman, *Biologie de la conscience*
N° 19 : Samuel P. Huntington, *Le Choc des civilisations*
N° 20 : Dan Kiley, *Le Syndrome de Peter Pan*
N° 21 : Willy Pasini, *À quoi sert le couple ?*
N° 22 : Françoise Héritier, Boris Cyrulnik, Aldo Naouri, *De l'inceste*
N° 23 : Tobie Nathan, *Psychanalyse païenne*
N° 24 : Raymond Aubrac, *Où la mémoire s'attarde*
N° 25 : Georges Charpak, Richard L. Garwin, *Feux follets et champignons nucléaires*
N° 26 : Henry de Lumley, *L'Homme premier*
N° 27 : Alain Ehrenberg, *La Fatigue d'être soi*
N° 28 : Jean-Pierre Changeux, Paul Ricœur, *Ce qui nous fait penser*

N° 29 : André Brahic, *Enfants du Soleil*
N° 30 : David Ruelle, *Hasard et Chaos*
N° 31 : Claude Olievenstein, *Le Non-dit des émotions*
N° 32 : Édouard Zarifian, *Des paradis plein la tête*
N° 33 : Michel Jouvet, *Le Sommeil et le Rêve*
N° 34 : Jean-Baptiste de Foucauld, Denis Piveteau, *Une société en quête de sens*
N° 35 : Jean-Marie Bourre, *La Diététique du cerveau*
N° 36 : François Lelord, *Les Contes d'un psychiatre ordinaire*
N° 37 : Alain Braconnier, *Le Sexe des émotions*
N° 38 : Temple Grandin, *Ma vie d'autiste*
N° 39 : Philippe Taquet, *L'Empreinte des dinosaures*
N° 40 : Antonio Damasio, *L'Erreur de Descartes*
N° 41 : Édouard Zarifian, *La Force de guérir*
N° 42 : Yves Coppens, *Pré-ambules*
N° 43 : Claude Fischler, *L'Homnivore*
N° 44 : Brigitte Thévenot, Aldo Naouri, *Questions d'enfants*
N° 45 : Geneviève Delaisi de Parseval, Suzanne Lallemand, *L'Art d'accommoder les bébés*
N° 46 : François Mitterrand, Elie Wiesel, *Mémoire à deux voix*
N° 47 : François Mitterrand, *Mémoires interrompus*
N° 48 : François Mitterrand, *De l'Allemagne, de la France*
N° 49 : Caroline Eliacheff, *Vies privées*

Imprimé en France sur Presse Offset par

BRODARD & TAUPIN

GROUPE CPI

6242 - La Flèche (Sarthe) - le 16-02-2001
N° d'édition : 7381-0965-X
Dépôt légal : février 2001